www.tredition.de

AF272963

Das 1854 gegründete Institut für Österreichische Geschichtsforschung in Wien hat ein für ein wissenschaftliches Institut vergleichsweise langes und ereignisreiches wie ebenso (be)deutungsschweres historisches Herkommen hinter sich. 2014 wurde es in dem Buch *Geschichtsforschung und Archivwissenschaft. Das Institut für Österreichische Geschichtsforschung und die wissenschaftliche Ausbildung der Archivare in Österreich* aus einer speziellen Insider-Perspektive heraus umfassend beschrieben. Dabei wurden im Hinblick auf sein formal-äußerliches Erscheinungsbild für das Jahr 1981 „Neue Kleider" und für das Jahr 2005 „Nochmals neue Kleider" konstatiert. Mit dem Jahr 2016 hat sich das Antlitz dieser altehrwürdigen Institution allerdings erneut verändert, und sie hat somit nun „Ganz neue Kleider" erhalten – maßgeschneidert und nicht von der Stange!

Für D. F. M.

Ernst Zehetbauer

Ganz neue Kleider

Achtes Kapitel zum Werk
Geschichtsforschung und Archivwissenschaft
Das Institut für Österreichische Geschichtsforschung
und die wissenschaftliche Ausbildung
der Archivare in Österreich

Hamburg: tredition 2017

www.tredition.de

Autor: Ernst Zehetbauer
Verlag: tredition GmbH Hamburg
ISBN: 978-3-7439-2269-3
© 2017 Ernst Zehetbauer
Printed in Germany

Bibliografische Information der Deutschen Nationalbibliothek: Die Deutsche Nationalbibliothek verzeichnet diese Publikation in der Deutschen Nationalbibliografie; detaillierte bibliografische Daten sind im Internet über http://dnb.d-nb.de abrufbar.

Inhaltsverzeichnis

Vorwort

Im Jahr 2014 ist das Buch *Geschichtsforschung und Archivwissenschaft. Das Institut für Österreichische Geschichtsforschung und die wissenschaftliche Ausbildung der Archivare in Österreich* als Monographie mit insgesamt sieben Hauptkapiteln erschienen. In dieser Form bildet das Werk eine Darstellung mit Aktualität bis zum ersten Jahresdrittel 2014.

Der Buchtext endet im Nachwort unter Bezugnahme auf das Bundesministerium für Wissenschaft und Forschung mit folgenden Sätzen: „Der vorliegende Bericht über einen Bereich, mit dem gerade dieses Ministerium seit über vier Jahrzehnten (und seine Vorläufer seit über anderthalb Jahrhunderten) befasst ist, wurde Anfang 2014 inhaltlich fertiggestellt und entspricht im Wesentlichen meinem persönlichen Wissensstand bis zu diesem Zeitpunkt. Sollten mir in Zukunft weitere Informationen zugänglich werden oder sich relevante neue Erkenntnisse erschließen, werde ich bemüht sein in geeigneter Form entsprechende Ergänzungen vorzunehmen. Die jetzt, nach einer mehr als fünfzehnjährigen Vorgeschichte, vorerst abgeschlossene Arbeit richtet sich nach Thematik, Fachgebiet und Methodik in erster Linie an Historiker. Sollte darüber hinaus der eine oder andere einschlägig befasste Beamte für sich selbst daraus eine Anregung entnehmen oder Nutzen ziehen können, dann ist ein weiterer Zweck erfüllt."

Als ich diese abschließende Feststellung traf, war für mich nicht wirklich abzusehen, wie rasch offenbar gerade der letzte Satz Realität werden würde. Der Umstand, dass mit Jahreswechsel 2015/16 eine Gesetzesänderung zum Tragen kam, durch welche eine über 160 Jahre alte rechtlich-politische Situation neuerlich markant verändert wurde, ließ einen kurzen ergänzenden Kommentar angebracht erscheinen. Die nun vorliegende Schrift *Ganz neue Kleider. Achtes Kapitel zum Werk: Geschichtsforschung und Archivwissenschaft. Das Institut für Österreichische Geschichtsforschung und die wissenschaftliche Ausbildung der Archivare in Österreich* stellt formal somit ein an dieses Buch zeitlich und inhaltlich anschließendes, nachträglich-neues Kapitel dar. Dieser Konzeption folgt auch die Nummerierung des einzigen Hauptkapitels mit insgesamt sieben Unterkapiteln.

Am Block der 2014 gebrachten archivgestützten Aussagen ist aus heutiger Sicht bisher jedenfalls nichts zu verändern. Soweit sich für die jüngste Zeit aus der Literatur vereinzelt neue oder zusätzliche Informationen ergeben haben, so wird in der Folge kurz darauf hingewiesen. Die in den Anmerkungen gebrachte und am Ende nochmals systematisch zusammengestellte Literatur bezieht sich nur auf dieses achte Kapitel allein und ist ebenfalls in Verbindung mit dem Quellen- und Literaturverzeichnis des 2014 erschienenen Hauptwerkes zu sehen.

Bis jetzt (Stand April 2017) wurden von *Geschichtsforschung und Archivwissenschaft. Das Institut für Österreichische Geschichtsforschung und die wissenschaftliche Ausbildung der Archivare in Österreich* insgesamt 65 Exemplare verkauft, und es waren anscheinend nicht nur wissenschaftliche Bibliotheken allein, die sich das Werk angeschafft haben. Ich möchte mich an dieser Stelle jedenfalls bei allen Interessenten bedanken!

Ernst Zehetbauer

8. Ganz neue Kleider (seit 2014)

8.1 Nach dem Erscheinen

Folgt man der Einfachheit halber den Angaben bei „Amazon", so ist das Buch *Geschichtsforschung und Archivwissenschaft. Das Institut für Österreichische Geschichtsforschung und die wissenschaftliche Ausbildung der Archivare in Österreich* am 14. April 2014 offiziell in den Handel gekommen. Am 23. April 2014 habe ich selbst per Post insgesamt drei Belegexemplare für Bibliothekszwecke verschickt. Davon ging eines an das Österreichische Staatsarchiv, von wo die zwischen 2011 und 2013 von mir benutzten archivalischen Quellen stammen. Das zweite ging an das Institut für Österreichische Geschichtsforschung, wo ich zwischen 1998 und 2001 die entsprechenden „Quellen" in natura erlebt hatte.

Ein drittes schließlich ging mit Begleitbrief an das Bundesministerium für Wissenschaft, Forschung und Wirtschaft (Verwaltungsbereich Wissenschaft und Forschung), wo ich am 23. August 2006 so bemerkenswerte Einblicke in die Tätigkeit eines Ministerialrates hatte nehmen können: „Sehr geehrte Damen und Herren, beiliegend übermittle ich als Belegexemplar ein geschichtswissenschaftliches Werk aus meiner Feder, welches kürzlich im Druck erschienen ist: *Geschichtsforschung und Archivwissenschaft. Das Institut für Österreichische Geschichtsforschung und die wissenschaftliche Ausbildung der Archivare in Österreich.* Da die Thematik auch Agenden Ihres Ressorts berührt, mag es vielleicht erwünscht sein, es der Bibliothek des Hauses einzuverleiben. Mit freundlichen Grüßen [etc.]" Mit einem Dankschreiben hatte ich ohnehin nicht gerechnet.

Was die Inhalte des Werkes im Hinblick auf die jüngere Vergangenheit betrifft, so kann ich mich in einem konkreten Bereich, in dem ich zuletzt nur mit Vermutungen arbeiten konnte, inzwischen mit einer gewissen Sicherheit festlegen. Einzelne inhaltliche Beiträge in der Instituts-Chronik der letzten Jahre habe ich nämlich, da diese Texte namentlich nicht gezeichnet waren, mangels anderer Informationen mit den jeweiligen Institutsdirektoren in Zusammenhang gebracht.

Dies betrifft etwa den Beitrag „Die Ausbildung am Institut für Österreichische Geschichtsforschung – teilweise ein Nachruf" aus dem Jahr 2008,[1] daneben auch den 2011 erschienenen Kommentar zur Verordnung des Bundesministers für Wissenschaft und Forschung über die Organisationsstruktur des Instituts, wo es ja (zugegebenermaßen nicht ganz unwitzig) heißt: „Der Text wird für die künftige Forschung aufgrund seiner inneren Merkmale leicht zu datieren und kulturell zu verorten sein, doch konnte in Kooperation mit der *zuständigen Fachabteilung des Ministeriums (in seiner jeweiligen Benennung)*, die dem Institut großzügig die Gelegenheit gab, seine Bedürfnisse zu artikulieren, eine für tragfähig erachtete Form erarbeitet werden, die in die Verordnung einfloss."[2]

---

[1] Chronik des Instituts. In: MIÖG 116 (2008), 434-470, hier 453.
[2] Chronik des Instituts. In: MIÖG 119 (2011), 534-581, hier 559.

Wie sich zwischenzeitlich mehr und mehr herauskristallisiert, dürfte die Mehrzahl dieser originellen Beiträge ihren Spiritus Rector in dem hier anscheinend im Hintergrund agierenden Herwig Weigl haben. Eine weitere Instituts-Chronik ist dann nämlich 2015 erschienen, zu einem Zeitpunkt also, als die neuerliche, jetzt aber grundlegende Änderung der Institutsverfassung wohl bereits in der Luft lag, die genauen Umstände aber noch nicht vollständig absehbar waren.

Darin hieß es nun: „Weitere ‚rechtliche Bestimmungen über das Institut' sind zur Zeit der Abfassung dieses Berichts in Vorbereitung, aber noch in Schwebe. Die Institutsleitung führt diesbezügliche Gespräche im *zuständigen Ministerium (Jänner 2015: Bundesministerium für Wissenschaft, Forschung und Wirtschaft)*. Nach Möglichkeit werden ihre Ergebnisse und die weiteren Entwicklungen im Bereich der Ausbildung Gegenstand eines künftigen Berichts sein. (Herwig Weigl)"[3]

Der Verfasser hat sich diesmal also anscheinend nicht nur bemüßigt gefunden, der „zuständigen Fachabteilung des Ministeriums (in seiner jeweiligen Benennung)" eine korrekte Adressierung angedeihen zu lassen, er hat den Ausführungen auch seinen Namen beigestellt. Damit also die Welt es weiß und keine Missverständnisse mehr aufkommen können: Der Literat des Instituts heißt Herwig Weigl.

Wie mir ebenfalls erst im Nachhinein bekannt geworden ist, war der im Jahr 2012 emeritierte Werner Maleczek anscheinend ein Schüler von Karl Pivec,[4] womit eine weitere, bis auf Hans Hirsch und dessen eigene Vorgänger zurückgehende und zuletzt bis ins 21. Jahrhundert hineinwirkende Traditionslinie erkennbar wird. Wie daneben aus dem jetzt bereits wieder möglichen kurzen Rückblick festgestellt werden kann, ist gerade im Jahr 2014, somit in zeitlicher Überschneidung, auch das Lieblingsvokabel der Quellenpositivisten und Nichtforscher sowie deren Mit- und Nachläufer, die „historischen Grundwissenschaften" – hier aus besonders berufener Feder – wieder einmal zu Ehren gekommen: „Zur Problematik der an Schulen lehrenden Absolventen äußerte sich der Leiter des Instituts, Albert Jäger (1801-1891), schon sehr bald. Jäger, selbst Autodidakt ohne systematische Ausbildung in den historischen Grundwissenschaften, gibt in seinem Rücktrittsgesuch vom 25. Mai 1869 als einen der Gründe an, dass der Institutskurs nicht nur zur Heranbildung in Sachen Verständnis und Benützung von Quellen geschaffen wurde, sondern auf Grund der erworbenen Kenntnisse sollten die Absolventen an höheren Lehranstalten Verwendung finden können."[5] Man darf gespannt sein, wie weit dieses ahistorische Konstrukt in der nächsten Zeit vielleicht noch weitergesponnen wird.

---

[3] Chronik des Instituts. In: MIÖG 123 (2015), 592.

[4] Päpste, Privilegien, Provinzen. Beiträge zur Kirchen-, Rechts- und Landesgeschichte. Festschrift für Werner Maleczek zum 65. Geburtstag (= Mitteilungen des Instituts für Österreichische Geschichtsforschung. Ergänzungsband 55, Wien/Köln/Graz 2010), Einleitung, 9.

[5] Lorenz MIKOLETZKY, „Kärntner" im Institut für Österreichische Geschichtsforschung (1855-1900). In: Archivwissen schafft Geschichte. Festschrift für Wilhelm Wadl zum 60. Geburtstag, hg. Barbara FELSNER u.a. (= Archiv für vaterländische Geschichte und Topographie 106, Klagenfurt 2014), 587-592, hier 587, Anm. 1.

Was die im Jahr 2014 erfolgte Bucherscheinung von *Geschichtsforschung und Archivwissenschaft. Das Institut für Österreichische Geschichtsforschung und die wissenschaftliche Ausbildung der Archivare in Österreich* jedenfalls selbst bewirkt hat, waren einschlägige Reaktionen in Form von wissenschaftlichen Rezensionen. Davon sind mir selbst bis dato zwei bekannt geworden, wobei beide im Jahr 2015 publiziert wurden, die eine gedruckt in den Mitteilungen des Instituts, die andere online auf der Seite „H-Soz-Kult". Sofern ich hier nichts übersehen habe, dürfte in den Mitteilungen des Österreichischen Staatsarchivs bisher keine Rezension gebracht worden sein.

Nach Erscheinen des Buches war ich auf einschlägige Reaktionen zugegebenermaßen recht gespannt gewesen, da ich im zeitgeschichtlichen Teil einige allerdings nicht ganz unschwerwiegende Behauptungen in den Raum gestellt hatte. Diese Behauptungen konnte ich quellenmäßig zwar (noch) nicht belegen, konnte ihnen als für mich zwingende Schlussfolgerungen aber auch nicht ausweichen. Wie sich bis jetzt gezeigt hat, gibt es zu diesen Schlussfolgerungen offenbar keinen Widerspruch, so dass sich die vermutliche Richtigkeit dieser Behauptungen dadurch zusätzlich erhärtet. Die beiden vorliegenden Rezensionen jedenfalls haben sich legitimer Weise mit anderen Schwerpunkten befasst.

Ein Urteil über die inhaltliche Trefflichkeit beider Rezensionen kann sich der Leser natürlich nur selbst bilden, allerdings stellen diese Publikationen über ihr eigenes Genre hinaus auch selbst wieder einen gewissen Beitrag zum Thema als solchem und damit letztlich zu dem in ihnen besprochenen Werk dar. Darüber hinaus bietet eine entsprechende Zusammenschau den Vorteil, dass alle gebrachten Kritikpunkte gemeinsam aufs Tapet kommen, und wo – bei gebotener Kürze – in der einen Rezension allenfalls Lücken der Betrachtung bleiben, dort können sie mit den Inhalten der jeweils anderen vielleicht etwas ausgeglichen werden.

8.2 Rezension in den MIÖG

Diese Rezension ist im Jahresband 2015 der Mitteilungen des Instituts für Österreichische Geschichtsforschung erschienen:[6]

Ernst Zehetbauer, Geschichtsforschung und Archivwissenschaft. Das Institut für Österreichische Geschichtsforschung und die wissenschaftliche Ausbildung der Archivare in Österreich. tredition, Hamburg 2014. 518 S. ISBN 978-3-8495-7660-8.

Der Autor, Absolvent des 62. Ausbildungslehrgangs des Instituts für Österreichische Geschichtsforschung (1998–2001), hat eine umfangreiche Philippika gegen das Institut vor-

---

[6] Thomas WINKELBAUER, Rezension zu: Ernst Zehetbauer, Geschichtsforschung und Archivwissenschaft. Das Institut für Österreichische Geschichtsforschung und die wissenschaftliche Ausbildung der Archivare in Österreich. Hamburg 2014. In: Mitteilungen des Instituts für Österreichische Geschichtsforschung 123 (2015), 255-257.

gelegt. Das Werk besteht aus zwei nicht in einem Zug verfassten Teilen. Die in den Jahren 2006 bis 2008 im Gestus der Anklage und der Aufdeckung von angeblichen Malversationen bei der 2001 abgehaltenen Staatsprüfung geschriebenen Kapitel 6 und 7 (S. 384–497) behandeln, aus der subjektiven Perspektive eines teilnehmenden Beobachters in einer als sowohl korrupt als auch absurd geschilderten fremden Kultur, die Geschichte des Instituts in den Jahren seit dem Amtsantritt von Direktor Herwig Wolfram (1983). Zehetbauer gibt an, ihm sei 2003, zwei Jahre nach der Staatsprüfung, bewusst geworden, dass er bei dieser, aber auch bereits bei der Aufnahmeprüfung zwei Jahre davor, und zwar insbesondere im Fach Lateinische Paläographie, betrogen worden sei. „Der entscheidende Scheinwerfer […] ging mir Mitte Jänner 2006 auf […]." (S. 455) Daraufhin machte er es sich anscheinend zur Lebensaufgabe, die angeblichen Missstände am Institut zu entlarven. Er verfasste ausführliche, an das Wissenschaftsministerium adressierte, aber dort, je länger, je mehr, offenbar nicht für bare Münze genommene und dementsprechend behandelte Schriftsätze. Zwischen Februar 2006 und April 2008 schickte er nach eigenen Angaben nicht weniger als 13 Schreiben mit zusammen 225 Seiten ab. Im Juni 2009 ging eine, Ende 2011 wieder stillgelegte, Internetseite online, auf der Zehetbauer Textbausteine aus den 13 Briefen veröffentlichte, woraus schließlich die Kapitel 6 und 7 des vorliegenden Buches hervorgegangen sind.

In einer kritischen Auseinandersetzung mit der von Herwig Wolfram herausgegebenen 15-bändigen „Österreichischen Geschichte" (1994–2006) vertritt Zehetbauer die (durch keine Quelle belegte) These, sie sei als Replik auf Ernst Bruckmüllers „Sozialgeschichte Österreichs" (1985) konzipiert worden. „Die wissenschaftliche Auseinandersetzung zwischen Ernst Bruckmüller und dem Institut für Österreichische Geschichtsforschung" sei „in hohem Maße deutungswürdig". Und der Autor „deutet", anscheinend ohne jede Spur eines Zweifels: „In der spezifischen Auseinandersetzung zwischen Bruckmüller und dem Institut bekämpften einander nicht der Klerikalismus und der Nationalismus (oder gar der Liberalismus), sondern es bekämpften einander im Endeffekt zwei gegensätzliche Klerikalismen – der verklemmt-neurotische (quasi ständestaatliche) Klerikalismus Bruckmüllers (und Hanischs [des von Wolfram ausgesuchten Autors des Bandes über die Geschichte Österreichs im 20. Jahrhundert; Th. W.]) auf der einen Seite und der quellenpositivistisch-psychotische (quasi reichische) Klerikalismus der hintergründig überlieferten Institutslinie auf der anderen Seite." (S. 398) Was soll man als Rezensent zu einer derartig kühnen „Deutung" sagen, noch dazu, wenn man der Autor eines Doppelbandes der „Österreichischen Geschichte" ist?

2011 fasste Zehetbauer den Entschluss, eine Geschichte des Instituts seit seiner Gründung im Jahr 1854 zu schreiben, die ungefähr vier Fünftel des Buches einnimmt. Die wichtigsten ungedruckten Quellen dieser – nicht anders als der zuerst geschriebene zweite Teil – an Wortklaubereien und Haarspaltereien, apodiktischen Urteilen und an den Stil von Maturazeitungen erinnernden Formulierungen, spitzfindigen Syllogismen und Sarkasmen reichen Kapitel 1 bis 5 (S. 12–383) sind die das Institut betreffenden Akten in den Abteilungen Allgemeines Verwaltungsarchiv und Archiv der Republik des Österreichischen Staatsarchivs, insbesondere die jährlichen Berichte der Institutsvorstände an das übergeordnete Ministerium. Abgesehen von den – ermüdend monotonen – „Schlussfolgerungen" bietet die Institutsgeschichte gegenüber der bisherigen Literatur, insbesondere den einschlägigen Büchern von Leo Santifaller (1950), Alphons Lhotsky (1954) und Manfred Stoy (2007), wenig Neues. Zehetbauer macht sich grundsätzlich über das am Institut – als historische Grundlagenforschung – betriebene Erschließen und Edieren von Quellen und über die intensive Pflege der Historischen Hilfswissenschaften lustig. Er vermag in Quelleneditionen nicht mehr zu sehen als das „paläographisch richtige und stilistisch fachgerechte Abschreiben einzelner alter Dokumente", das „nichts mit Geschichtsforschung zu tun" habe (S. 54). Den am Institut erarbeiteten „Regesta Habsburgica" wirft er vor, dass ihnen bei ihrer Gründung keine historische „Fragestellung" zugrunde lag, nämlich: „Was sind die politischen, sozialen, ideologischen und sonstigen

Grundlagen der habsburgischen Herrschaft in Österreich? Die im Rahmen des Forschungsunternehmens der Habsburger Regesten verfolgten Fragestellungen lauteten stattdessen: Wo sind Habsburger Urkunden? Wo sind keine? Wie viele sind jeweils da? Welche davon wurden bereits früher einmal abgeschrieben und irgendwo gedruckt? Welche muss man neu abschreiben, damit sie jetzt besser gedruckt werden können?" (S. 170) Der Autor begreift offenbar nicht, dass Regestenwerke, ebenso wie Quelleneditionen, den Charakter von der künftigen Spezialforschung dienenden Grundlagenwerken haben und ihre Erarbeitung hochqualifizierte Forschungsarbeit voraussetzt und ist. Es sei ihm die (übrigens kurzweilige) Lektüre von R. B. C. Huygens' „Ars edendi. A practical introduction to editing medieval Latin texts" (Turnhout 2000) nahegelegt.

Die Geschichte des Instituts reduziert Zehetbauer im Kern darauf, dass „schrittweise bestimmte jeweils zeittypische Quellenpositivismen durch andere, inhaltlich oder typologisch besser passende Quellenpositivismen ersetzt worden sind" (S. 43). Auch nach 1918 sei an der „Fiktion" festgehalten worden, „alte Dokumente seien aus der Natur der Sache heraus Quellen per se und das Abschreiben von Urkunden und Akten oder sonst ein x-beliebiges und zusammenhangloses Hantieren mit historischen Objekten (oder vielleicht auch deren Verehrung und Anbetung) wäre einem systematischen Forschungsprozess gleichzusetzen, der im Rahmen einer ausformulierten Fragestellung auf wissenschaftlichen Erkenntnisgewinn abzielt" (S. 223). Institutsvorstand Heinrich Fichtenau schließlich (ausgerechnet er, der Autor von in mehrere Sprachen übersetzten historiographischen Meisterwerken wie „Das karolingische Imperium" und „Lebensordnungen des 10. Jahrhunderts"!) habe „den überlieferten Quellenpositivismus und die aus dem 19. Jahrhundert stammenden Denkmuster und Vorstellungswelten unbeeindruckt durch die 1960-er und 1970-er Jahre" hindurchmanövriert, „worauf sie dann unter der Direktion Herwig Wolframs (1983–2002) sogar noch, wenn auch nur unter Zuhilfenahme der Notbremse, in das 21. Jahrhundert hineingerettet werden konnten" (S. 314).

Das vorliegende Buch zeichnet eine mit recht plumpen Klischees arbeitende Karikatur des Instituts für Österreichische Geschichtsforschung und seiner Geschichte, der man als Rezensent nicht mit rationalen Argumenten begegnen, sondern die man nur zur Kenntnis nehmen kann. Wer an einer wissenschaftshistorisch elaborierten, sehr gut kontextualisierten und vergleichend angelegten Analyse der am Institut für Österreichische Geschichtsforschung in den 256 Literaturberichte MIÖG 123 (2015) ersten 60 Jahren seines Bestehens (und darüber hinaus) dominierenden Forschungspraktiken und deren Entwicklung interessiert ist, dem sei stattdessen Daniela Saxers gleichzeitig erschienenes Werk „Die Schärfung des Quellenblicks" (München 2014) empfohlen.

Wien   Thomas Winkelbauer

Jede Rezension eines etwas umfangreicheren Werkes kann sich, schon aus Platzgründen, in ihrer Beurteilung zwangsläufig nur auf einzelne ihr vor allem wichtig erscheinende Teilbereiche beziehen. Sie muss weder alles bringen noch die gebrachten Teile in gleicher Weise gewichten. Und so wie es das Recht des besprochenen Buches ist im Rahmen der von ihm behandelten Inhalte „Deutungen" vorzunehmen, so ist es umgekehrt das gute Recht der Rezension in gleicher Weise die Inhalte des besprochenen Buches zu deuten. „Zehetbauer gibt an, ihm sei 2003, zwei Jahre nach der Staatsprüfung, bewusst geworden, dass er bei dieser, aber auch bereits bei der Aufnahmeprüfung zwei Jahre davor, und zwar insbesondere im Fach Lateinische Paläographie, betrogen worden sei."

Da ich mich, doch schon einige Zeit danach, nicht mehr erinnern konnte, so etwas geschrieben zu haben, habe ich in diesem Zusammenhang zur Sicherheit eigens die Suchfunktion im Programm „Word" angewendet. Ergebnis war, dass auf 518 Seiten das Wort „betrogen" kein einziges Mal vorkommt, weder in diesem noch in einem anderen Zusammenhang. Nun setzt ein tatsächlicher „Betrug" (im kriminalisierbaren Sinne) allerdings eine entsprechende Betrugsabsicht voraus, und eine solche war, wenn überhaupt, in einem gewissen Sinne vielleicht noch beim ersten Fall gegeben. Beim zweiten Fall ist dem kleinen „Betrüger" dann allerdings ein noch größerer Lapsus passiert, und erst dieser hat in der Folge das gesamte System gesprengt.

„Er verfasste ausführliche, an das Wissenschaftsministerium adressierte, aber dort, je länger, je mehr, offenbar nicht für bare Münze genommene und dementsprechend behandelte Schriftsätze." Wie weit damals das Wissenschaftsministerium meine Schriftsätze jeweils für „bare Münze" genommen hat, ist im Einzelnen natürlich schwer zu sagen, und so wie die Dinge heute liegen, wird diese Frage in wissenschaftlicher Weise, nämlich anhand der ministeriellen Originaldokumente, wohl frühestens in einigen Jahrzehnten aufklärbar werden. Mit dem Institut für Österreichische Geschichtsforschung schmückt das Wissenschaftsministerium sich zwischenzeitlich allerdings nicht mehr.

Erfreut war ich zumindest über eine Sache, denn „wenig Neues" ist zumindest etwas mehr als gar nichts Neues: „Abgesehen von den – ermüdend monotonen – „Schlussfolgerungen" bietet die Institutsgeschichte gegenüber der bisherigen Literatur, insbesondere den einschlägigen Büchern von Leo Santifaller (1950), Alphons Lhotsky (1954) und Manfred Stoy (2007), wenig Neues." Was den vielleicht berechtigten Vorwurf der Ermüdung meiner Leser mittels „monotoner Schlussfolgerungen" betrifft, so kann ich zu meiner Entschuldigung nur vorbringen, dass in einer wissenschaftlichen Arbeit Schlussfolgerungen bisweilen nicht ganz zu vermeiden sind.

Ich bin aber zumindest froh darüber, dass meine Schlussfolgerungen nur ermüdend monoton und zumindest nicht ermüdend falsch sind. Zu der verwegenen Deutung, dass meine Schlussfolgerungen immer wieder derart richtig sind, dass es insgesamt nur noch als monoton bezeichnet werden kann, möchte ich mich nicht versteigen. Den Hinweis auf den Leitfaden „Ars edendi. A practical introduction to editing medieval Latin texts" nehme ich besonders dankbar zur Kenntnis, denn mein Lehrer in Editionstechnik am Institut, Herr Professor Winfried Stelzer, hatte damals noch mit anderem Material gearbeitet.

8.3 Rezension auf H-Soz-Kult

Diese Rezension ist online auf der Seite „H-Soz-Kult" erschienen und ist dort auch in einer PDF-Version abrufbar:[7]

Zehetbauer, Ernst: Geschichtsforschung und Archivwissenschaft. Das Institut für Österreichische Geschichtsforschung und die wissenschaftliche Ausbildung der Archivare in Österreich. Hamburg: Tredition 2014. ISBN: 978-3-8495-7660-8; 518 S.

Rezensiert von: Karel Hruza, Institut für Mittelalterforschung, Österreichische Akademie der Wissenschaften, Wien.

Das 1854 gegründete, in Wien im historischen Hauptgebäude der Universität ansässige Institut für österreichische Geschichtsforschung (= IÖG) war bereits mehrmals Objekt ausführlicher geschichtlicher Betrachtung. Die mehrheitlich aus Anlass von Institutsjubiläen vorgelegten Arbeiten hatten entweder Institutsdirektoren oder am Institut beschäftigte Institutsmitglieder als Verfasser und müssen daher als subjektive Hausgeschichten bewertet werden. Die vom damaligen Institutsdirektor Leo Santifaller 1950 vorgelegte „Festgabe" von 164 Seiten enthielt einen knapp zehnseitigen Abriss der Institutsgeschichte bis in die unmittelbare Nachkriegszeit, informierte über Statuten und wissenschaftliche Vorhaben des Instituts und listete die seit 1855 bis 1950 zu Institutsmitgliedern gewordenen 572 Personen auf.[1] Die Schrift sollte insgesamt die Leistungen und die künftige wissenschaftliche Daseinsberechtigung des seit 1945 wieder nur österreichischen Instituts darlegen. Wenige Jahre später erschien zum 100. Gründungsjubiläum die offizielle große Institutsgeschichte im Umfang von 424 Seiten aus der Feder Alphons Lhotskys.[2] Sie ist noch heute wegen ihres vorurteilslosen Informationsgehalts und des souveränen, sprachlich hochstehenden Umgangs des Autors mit der Materie lesenswert. Lhotsky bot eine aus den Quellen gezogene Entstehungsgeschichte des IÖG und reichhaltige Informationen zu dessen personeller und wissenschaftlicher Entwicklung bis zum Jahr 1931, so erfuhren auch die einzelnen Mitglieder und ihre Arbeiten eine verhältnismäßig ausführliche Würdigung. Die nachfolgenden 20 Jahre hat er knapp auf acht Seiten skizziert. Lhotsky wagte es auch, Zeitabschnitte des IÖG zu bewerten und postulierte die „Glanzzeit des Instituts 1891–1903". Die aus Anlass der 150. Jahrfeier vom ehemaligen Institutsbibliothekar Manfred Stoy veröffentlichte „Chronik" des IÖG ergänzt chronologisch Lhotskys Darstellung bis 1945.[3] Stoys Buch bietet außerordentlich viel Material, ist jedoch wegen seiner konzeptionellen Schwäche und stellenweise nicht dem wissenschaftsgeschichtlichen Forschungsstand entsprechenden, apologetischen Umgang mit der Zeit des Nationalsozialismus nicht immer zufriedenstellend.[4] Das heißt, dass eine moderne institutionengeschichtlich ausgerichtete Analyse des IÖG noch aussteht und wegen dessen Bedeutung für die Geschichtswissenschaft im deutschsprachigen und vor allem auch im mitteleuropäischen Raum als großes Desiderat gelten darf. So nimmt der Leser die von Zehet-

---

[7] Karel HRUZA: Rezension zu: Zehetbauer, Ernst: Geschichtsforschung und Archivwissenschaft. Das Institut für Österreichische Geschichtsforschung und die wissenschaftliche Ausbildung der Archivare in Österreich. Hamburg 2014, in: H-Soz-Kult, 26.11.2015, <www.hsozkult.de/publicationreview/id/rezbuecher-22968>.

bauer vorgelegte umfängliche Monografie erwartungsvoll in die Hand, zumal diese die Institutsgeschichte sogar bis über das Jahr 2000 hinaus führt.

Überraschend ist, dass Zehetbauer durch keine vorangehenden wissenschaftsgeschichtlichen Studien, sondern durch solche militärgeschichtlicher Art ausgewiesen ist und das Buch anscheinend nicht von einem (österreichischen) Wissenschaftsverlag, sondern in Eigenregie bei Tradition in Hamburg verlegt wurde. Gegenüber den Arbeiten Lhotsky und Stoys handelt es sich demnach um keine offizielle Hausgeschichte des IÖG. Noch überraschender ist freilich der Umstand, dass Zehetbauer nicht die Dokumente des Institutsarchivs verwertet hat (oder verwerten durfte?) (siehe S. 11). Die eingesehenen Archivalien entstammen dem Österreichischen Staatsarchiv, das freilich zahlreiches Material der Empfänger des IÖG-Aktenauslaufs beherbergt. Das IÖG-Archiv ist aber, wie einige andere von Zehetbauer ebenfalls nicht besuchte Archive, wegen der verwahrten privaten Korrespondenzen von grundlegender Bedeutung für die Institutsgeschichte. Zehetbauer konnte diese Archivalien wenigstens teilweise über Sekundärliteratur rezipieren. Einige, sich freilich nicht direkt mit der Institutsgeschichte befassende Arbeiten der vergangenen Jahre haben bekanntlich die Basis für Forschungen über das IÖG, vor allem im 20. Jahrhundert, erheblich erweitert, eine stabile Ausgangslage stand Zehetbauer dementsprechend zur Verfügung.[5] Zehetbauer präsentiert in seiner Einleitung (S. 7–11) keine stichhaltige methodologische oder theoretische Verortung seines Vorhabens, umreißt sein Ziel aber wie folgt: „[…] für unsere Arbeit soll […] die Absicht leitend sein, die schon bestehenden Ergebnisse aus der bisherigen Auseinandersetzung mit der Thematik in eine den gesamten Zeitraum umfassende Darstellung so weit möglich mit einzubinden, um am Ende vielleicht die dahinter stehende Gesamtaussage richtiger werten zu können. […] Der Zeitraum der gesamten Betrachtung bringt es mit sich, dass im Rahmen einer geschichtswissenschaftlichen Arbeit eine Verbindung von abgeschlossener Vergangenheit mit werdender Historie, von erlebter Zeitgeschichte mit nahezu noch bestehender Gegenwart hergestellt wird." (S. 9) Dieses durchaus ambitionierte wissenschaftliche Vorhaben, „abgeschlossene Vergangenheit" mit „erlebter Zeitgeschichte" zu kombinieren, macht den Leser neugierig.

Das IÖG, das der deutschen Archivschule Marburg oder der École nationale des chartes in Paris an die Seite zu stellen ist, diente und dient der Archivarsausbildung in der Monarchie und nachfolgend in der Republik Österreich. In einem mehrjährigen Ausbildungskurs wird den Teilnehmern eine fundierte Ausbildung in Historischen Hilfswissenschaften, Archivkunde und österreichischer Geschichte geboten. Nach erfolgreichem Abschluss des Lehrgangs wird der Kandidat Mitglied des Instituts. Wegen der Breite und Tiefe der Ausbildung wird der Lehrgang auch von zahlreichen Kandidaten absolviert, die nicht in den Archivdienst treten, sondern wissenschaftlich als Historiker arbeiten wollen. Aufgabe des IÖG ist also nicht eine Art Thinktank-Funktion für die Geschichtswissenschaft, und in Zeiten sich abwechselnder „turns" und einem abnehmenden Verständnis für Grundlagenforschung in den Geisteswissenschaften hat das IÖG mit seiner bodenständigen und traditionellen Ausrichtung sicher eine Daseinsberechtigung. Zehetbauer hat 1998–2001 den Ausbildungslehrgang des IÖG besucht und ist Institutsmitglied.[6] Mit bestimmten Aspekten und Teilen des Lehrbetriebs am IÖG muss er derart unzufrieden gewesen sein, dass ihm diese Unzufriedenheit als Folie für seine Institutsgeschichte dient bzw. ihn dazu geführt hat, sich auf die Spuren des Apparats zu begeben, der ihm diese Unzufriedenheit beschert hat. Auch hat es stellenweise den Anschein, dass das Buch nur geschrieben wurde, um der Unzufriedenheit des Autors ein öffentliches Forum zu bieten. Wesentlich ist dabei, dass Zehetbauer – und nur so sind viele seiner Aussagen zu deuten – wenig Verständnis für Editionsarbeiten (vor allem an mittelalterlichen Quellen) und die hierzu unabdingbaren Kenntnisse, das heißt kein

Verständnis für Grundlagenforschung hat. Oftmals macht er sich über die am IÖG herrschenden Arbeits- und Forschungsrichtungen sogar lustig und sieht einen „Quellenpositivismus" durch einen anderen ersetzt (S. 43). Dass mit solch einer Disposition kein wissenschaftsgeschichtlich tragfähiges Ergebnis zu erzielen ist, ist fast zwangsläufig. Gut zwei Drittel des Buches bestehen aus einer Institutsgeschichte, laut Autor der „historische Teil" seiner Arbeit, der „bis in die Mitte der 1970er Jahre reicht" (S. 10) und den er 2013/14 verfasst hat. Dazu kommt ein Teil, der „großteils auf Schriften" beruht, „die in erster Linie aufgrund ihres relativen Gegenwartsbezuges verfasst wurden", und zwar 2006–2008 (ebd.). Hier finden sich Abschnitte, die „aus Schilderungen eigener Erlebnisse, die in ihrer Bedeutung oft erst deutlich später richtig abgeschätzt und eingeordnet werden konnten", bestehen (S. 11).

Der „historische Teil" ist in die Kapitel „'Geschichtsforschung' aus neoabsolutistischer Wurzel (1854–1874)", „Umschwenken auf die Historischen Hilfswissenschaften (1874–1899)", „Institutionalisierung der Archivarsausbildung (1899–1918)", „Monopolisierung zwischen Zeitumbrüchen (1918–1945)" und „Verfestigung zum Klientel- und Patronagesystem (1945–1983)" gegliedert. „Erlebte Zeitgeschichte" soll sich in den beiden Kapiteln „Wissenschaftliche Degeneration und politischer Missbrauch (1983–2006)" und „Aufdeckung, Reform und Erforschung des Systems (seit 2006)" widerspiegeln. Der „historische Teil" bietet prinzipiell keine wirklich neuen größeren wissenschaftsgeschichtlichen Forschungsergebnisse für die Institutsgeschichte, auch wenn viele Details oder manche Meinung des Autors von Interesse sind und er das IÖG in seinem interdependenten Verhältnis zum österreichischen Archivwesen beschreibt. Ausschlaggebend ist beispielsweise, dass Zehetbauer bei seiner Darstellung des Instituts im Zeitraum 1918–1945 über die bisherige Literatur nicht hinauskommt, stellenweise sogar hinter dieser zurückbleibt. Das gilt insbesondere für die wissenschaftsgeschichtlich viel diskutierten 1930er- und 1940er-Jahre. Hier bleibt der ansonsten gerne eloquent mit äußerst subjektiven Meinungen agierende Autor etwa bei der Darstellung des Wirkens bestimmter Institutsmitglieder im Nationalsozialismus auffallend still und lässt Quellen (freilich nicht alle relevanten) für sich sprechen. Auch vermisst man in diesem „historischen Teil" eine einigermaßen genügende historische Kontextualisierung und dementsprechende Literaturangaben. Das Fehlen eines Personenregisters erschwert zudem die Benutzbarkeit des Buches erheblich.

Der Teil des Buches, in dem Zehetbauer einen „Gegenwartsbezug" herstellt, enthält unter anderem eine Beschreibung des von ihm absolvierten Lehrgangs unter Darbietung seiner Meinung über die Lehrenden und ist wegen vieler Aussagen problematisch. Zehetbauer greift, auch mit Spott, Lehrende des von ihm durchlaufenen Ausbildungskurses an und scheut auch nicht vor Bloßstellungen zurück. Die Abschnitte, in denen er über wissenschaftliche Vorhaben und Buchpublikationen berichtet, basieren auf sehr einseitigen Ansichten und entbehren einer überzeugenden Quellengrundlage. Dass das IÖG in seinem 150-jährigen Bestehen viele international anerkannte und geschätzte Historiker (mit-)ausgebildet hat, die sich bei weitem nicht mit „Quellenpositivismus" beschäftigt haben oder beschäftigen, ist dem Autor entgangen oder er will es nicht wahrhaben. Hier tritt insgesamt der unzufriedene, mit Sarkasmus reagierende Schüler offen zutage. Der Rezensent, selbst (ausländisches) Mitglied des IÖG und Absolvent des Ausbildungskurses 1992–1995, kann Folgendes anmerken: Einige der von Zehetbauer angeführten Kritikpunkte mögen „wahr" sein, einige der von ihm beanstandeten Vorgänge um Patronage und Klientel zutreffen. Nur handelt es sich dabei um Dinge, die keineswegs ausschließlich am IÖG vorgekommen sein mögen, es handelt sich um Dinge bzw. Verhaltensweisen, die zumindest im mitteleuropäischen Raum mit jeweiligem Lokalkolorit wohl fast überall dort vorkommen, wo eine größere Gruppe von Menschen unter bestimmten Bedingungen zusammenarbeitet bzw. eine Ausbildung vermittelt wird. Anders gesagt: Die Verhältnisse, die Zehetbauer angreift und offenlegen will, hat der Rezensent sowohl an Schulen als auch an Universitäten oder bei Behörden in und außerhalb Wiens beobachten oder zumindest davon hören können. Nur wenn es gelingen würde, IÖG-spezifische Verhaltensweisen zu eruieren, hätte das Vorgehen Zehetbauers einen (gewissen) Sinn.

Von den drei großen Monografien über das IÖG ist Zehetbauers Werk zwar das neueste, zugleich auch das schlechteste. Der wissenschaftliche „historische Teil" ist unzureichend, die subjektiven Erlebnisberichte gehören nicht in eine wissenschaftliche Publikation. Trotzdem wird man das Buch bei Studien oder Fragen über das IÖG neben Lhotsky und Stoy in die Hand nehmen müssen, um zu erfahren, was der Autor zu einem bestimmten Thema zu sagen hat. Es gehört zu den nicht so wenigen Büchern, deren faktische Existenz dem Wissenschaftler seine Benutzung aufzwingt. Zum IÖG kann abschließend bemerkt werden: Santifaller schloss sein knappe Darstellung der IÖG-Geschichte 1950 mit den Worten: „Wenn nicht neue und unvorhergesehene Hindernisse und Schwierigkeiten auftauchen, so haben wir aber doch die feste Zuversicht und die frohe Hoffnung, dass das Institut für österreichische Geschichtsforschung in absehbarer Zeit wieder dasteht als eine der hervorragendsten wissenschaftlichen Einrichtungen Österreichs von international anerkannter Weltgeltung." (S. 22) Dass diese Hoffnung in der zweiten Hälfte des 20. Jahrhunderts erfüllt wurde, darf an dieser Stelle postuliert werden.

Anmerkungen:
[1] Siehe Emil Ottenthal, Das k. k. Institut für österreichische Geschichtsforschung 1854–1904. Festschrift zur Feier des fünfzigjährigen Bestandes, Wien 1904; Leo Santifaller, Das Institut für österreichische Geschichtsforschung. Festgabe zur Feier des zweihundertjährigen Bestandes des Wiener Haus-, Hof- und Staatsarchivs (= Veröffentlichungen des Instituts für österreichische Geschichtsforschung 11), Wien 1950.
[2] Alphons Lhotsky, Geschichte des Instituts für österreichische Geschichtsforschung 1854–1954 (= Mitteilungen des Instituts für österreichische Geschichtsforschung, Erg.-Bd. 17), Graz / Köln 1954.
[3] Manfred Stoy, Das Österreichische Institut für Geschichtsforschung 1929–1945 (= Mitteilungen des Instituts für österreichische Geschichtsforschung, Erg.-Bd. 50), München 2007.
[4] Siehe meine Rezension: Karel Hruza: Rezension zu: Stoy, Manfred: Das Österreichische Institut für Geschichtsforschung 1929–1945. München 2007, in: H-Soz-Kult, <http://www.hsozkult.de/publicationreview/id/rezbuecher-8993> (09.08.2007).
[5] Margarete Grandner / Gernot Heiss / Oliver Rathkolb (Hrsg.), Zukunft mit Altlasten. Die Universität Wien 1945 bis 1955, Wien 2005 (Christian Pape: Rezension zu: Grandner, Margarete; Heiss, Gernot; Rathkolb, Oliver (Hrsg.): Zukunft mit Altlasten. Die Universität Wien 1945 bis 1955. Wien 2005, in: H-Soz-Kult, <http://www.hsozkult.de/publicationreview/id/rezbuecher-8479> (07.11.2006); Pavel Kolář, Geschichtswissenschaft in Zentraleuropa. Die Universitäten Prag, Wien und Berlin um 1900 (Geschichtswissenschaft und Geschichtskultur im 20. Jahrhundert 9), Berlin 2008 (Jan Surman: Rezension zu: Kolář, Pavel: Geschichtswissenschaft in Zentraleuropa. Die Universitäten Prag, Wien und Berlin um 1900. Leipzig 2008, in: H-Soz-Kult, <http://www.hsozkult.de/publicationreview/id/rezbuecher-11944> (02.03.2009); Karel Hruza (Hrsg.), Österreichische Historiker 1900–1945. Lebensläufe und Karrieren in Österreich, Deutschland und der Tschechoslowakei in wissenschaftsgeschichtlichen Porträts, Wien 2008 (Pavel Kolar: Rezension zu: Hruza, Karel Jan (Hrsg.): Österreichische Historiker 1900–1945. Lebensläufe und Karrieren in Österreich, Deutschland und der Tschechoslowakei in wissenschaftsgeschichtlichen Porträts. Wien 2008, in: H-

Soz-Kult,<http://www.hsozkult.de/publicationreview/id/rezbuecher-11703> (06.07.2009); Mitchell G. Ash (Hrsg.), Geisteswissenschaften im Nationalsozialismus. Das Beispiel der Universität Wien, Göttingen 2010; Österreichisches Staatsarchiv (Hrsg.), Österreichs Archive unter dem Hakenkreuz (Mitteilungen des Österreichischen Staatsarchiv 54), Wien 2010; Karel Hruza (Hrsg.), Österreichische Historiker. Lebensläufe und Karrieren 1900–1945, Band 2, Wien 2012 (Matthias Berg: Rezension zu: Hruza, Karel (Hrsg.): Österreichische Historiker. Lebensläufe und Karrieren 1900–1945: Band 2. Wien 2012, in: H-Soz-Kult, <http://www.hsozkult.de/publicationreview/id/rezbuecher-19643> (31.05.2013); Oliver Rathkolb (Hrsg.), Der lange Schatten des Antisemitismus: Kritische Auseinandersetzungen mit der Geschichte der Universität Wien im 19. und 20. Jahrhundert (Zeitgeschichte im Kontext), Göttingen 2013.
[6] Siehe die Rezension des Institutsdirektors Thomas Winkelbauer in: Mitteilungen des Instituts für österreichische Geschichtsforschung 123 (2015), S. 255–257.

Bei dieser Rezension gibt es zunächst einen einleitenden Absatz, der drei sogenannte „subjektive Hausgeschichten" beleuchtet, nämlich von Leo Santifaller, Alphons Lhotsky und Manfred Stoy.

Was speziell das Buch von Manfred Stoy betrifft, so kann ich meine eigene zuletzt daran geübte Kritik insofern zurücknehmen, als Stoy den Charakter des Werks im Vorwort eigentlich schon dargelegt hat: „Insgesamt gesehen handelt es sich hier um keine wissenschaftliche Arbeit im engeren Sinne, ich selbst betrachte sie eher als eine Art Erzählung, ja vielleicht noch mehr als ein Bild, das einen Rahmen hat und innerhalb dieses Rahmens mit einer Vielzahl von Fakten, die in einem bestimmten Zusammenhang stehen, ausgefüllt ist."[8] Man mag das gelten lassen.

Daneben kann ergänzend festgestellt werden, dass das Werk zwar von Stoy völlig eigenständig verfasst, aber, wie dieser selbst darin darlegt, von Herwig Wolfram angeregt wurde: „Für die Mithilfe bei der Abfassung dieser Arbeit bin ich einer Vielzahl an Personen zu großem Dank verpflichtet. Dieser beginnt beim früheren Direktor unseres Instituts, Herrn Univ.-Prof. Dr. Herwig Wolfram, der mich mit dieser Arbeit *betraut* hat und dem ich auch einige wichtige Korrekturen verdanke."[9] Auch dieses Buch ist somit, wie gar manch anderes, nicht zuletzt ein Produkt der Wolfram-Zeit.

Der eigentliche Inhalt der Rezension beginnt mit der Feststellung, dass ich selbst als Verfasser somit offenbar einer Nicht-Hausgeschichte (*Geschichtsforschung und Archivwissenschaft* ist im Übrigen gar keine „Haus"-Geschichte, weder so noch so) „durch keine vorangehenden wissenschaftsgeschichtlichen Studien, sondern durch solche militärgeschichtlicher Art ausgewiesen" sei. Sofern darin nun irgendeine Form von (negativer) Kritik ausgedrückt sein sollte, so kann ich zu meiner Entschuldigung nur sagen: Tut mir leid, jeder fängt mal klein an!

---

[8] Manfred STOY, Das Österreichische Institut für Geschichtsforschung 1929-1945 (= Mitteilungen des Instituts für Österreichische Geschichtsforschung. Ergänzungsband 50, Wien/München 2007), 17.
[9] Ebd., 18.

Im Weiteren heißt es dann, dass „das Buch anscheinend nicht von einem (österreichischen) Wissenschaftsverlag, sondern in Eigenregie bei Tradition in Hamburg verlegt wurde". Auch hier stellt sich wiederum die Frage, was genau mit dieser (absolut richtigen) Feststellung eigentlich ausgesagt werden soll. Wenn ich ansatzweise versuche mich in die möglichen Gedankengänge des Rezensenten hineinzuversetzen, so kann ich höchstens vermuten, dass Herr Hruza damit andeuten will, dass es ‚besser' gewesen wäre, ich hätte das Buch bei einem Verlag seiner Wahl publiziert und mich bei dieser Gelegenheit auch gleich seiner eigenen Meinung über Heinz Zatschek[10] angeschlossen.

Noch überraschender, so der Rezensent, sei der Umstand, dass ich nicht die Dokumente des Institutsarchivs verwertet hätte: „Die eingesehenen Archivalien entstammen dem Österreichischen Staatsarchiv, das freilich zahlreiches Material der Empfänger des IÖG-Aktenauslaufs beherbergt. Das IÖG-Archiv ist aber, wie einige andere von Zehetbauer ebenfalls nicht besuchte Archive, wegen der verwahrten privaten Korrespondenzen von grundlegender Bedeutung für die Institutsgeschichte. Zehetbauer konnte diese Archivalien wenigstens teilweise über Sekundärliteratur rezipieren."

Zum einen beruhigt es mich natürlich, dass der Rezensent zugesteht, dass das von mir in vier Abeilungen benutzte Österreichische Staatsarchiv „freilich zahlreiches Material der Empfänger des IÖG-Aktenauslaufs beherbergt". Soweit es im Übrigen das ebenfalls behandelte Archivwesen betrifft, so muss ich natürlich eingestehen, dass sich etwa für den Bereich der heutigen österreichischen Landesarchive meine Ausführungen nahezu zur Gänze auf gedrucktes Material stützen. Zum anderen berührt dieser Punkt aber natürlich auch ein generelles Problem des Historikers, denn oft genug ist es schon in einem öffentlichen und mehr oder weniger gut erschlossenen Archiv nicht ganz leicht für die eigene Arbeit auf Anhieb den richtigen Bestand zu finden. Oft bleibt auch trotz bemühter Hilfestellung des geduldigsten Archivars nichts anderes übrig als auf Verdacht hin wochen- oder monatelang Karton um Karton durchzustöbern.

Um wie viel schwieriger kann die Sache dann allerdings werden, wenn die Unterlagen nicht in einem öffentlichen Archiv sondern bei einer ganz anderen Institution liegen, von außen nicht einmal im Ansatz ersichtlich ist, wie umfangreich das Material sein könnte, ob es entsprechende Verzeichnisse oder sonstige Hilfsmittel gibt, und ein ‚Archivar' im klassischen Sinne entweder gar nicht zur Verfügung steht oder möglicherweise nicht gleichermaßen ‚geduldig' ist. Nebenbei bemerkt ist dieser Bereich aufgrund der zuletzt eingetretenen rechtlichen Situation jetzt vielleicht sogar noch schwerer einzuschätzen als noch wenige Jahre zuvor, denn das Institut gehört seit Anfang 2016 zur Universität Wien, Bibliothek und Sammlungen bleiben aber weiterhin Bundeseigentum. An welchen ‚Archivar' welcher institutionellen Zugehörigkeit und welcher dienstlichen Stellung hätte man sich heute also korrekter Weise zu wenden, um als Forscher zu seinem ‚Recht' zu kommen?

---

[10] Karel HRUZA, Heinz Zatschek (1901-1965). „Radikales Ordnungsdenken" und „gründliche, zielgesteuerte Forschungsarbeit". In: Österreichische Historiker 1900-1945. Lebensläufe und Karrieren in Österreich, Deutschland und der Tschechoslowakei in wissenschaftsgeschichtlichen Porträts, hg. Karel HRUZA (Wien/Köln/Weimar 2008), 677-792.

Aber zugegeben: Hierin könnte man tatsächlich einen gewissen ‚Mangel' der Arbeit sehen, über den sich jeder Kritiker eigentlich zutiefst freuen müsste. Denn sollte ‚dort' am Institut tatsächlich noch ein wirklich speziell relevantes Material vorliegen, welches der Benutzung durch mich somit praktisch vollständig entgangen wäre, so müssten sich alle Kritiker meiner Darlegungen (denen man die betreffenden Dokumente vielleicht auf dem Silbertablett servieren würde) eigentlich mit Feuereifer darauf stürzen – um mich damit nämlich „methodologisch" zu widerlegen und dann vielleicht bei einem „Wissenschaftsverlag" eine entsprechende Gegengeschichte zu präsentieren.

Etwas weiter unten heißt es dann: „Zehetbauer hat 1998–2001 den Ausbildungslehrgang des IÖG besucht und ist Institutsmitglied. Mit bestimmten Aspekten und Teilen des Lehrbetriebs am IÖG muss er derart unzufrieden gewesen sein, dass ihm diese Unzufriedenheit als Folie für seine Institutsgeschichte dient bzw. ihn dazu geführt hat, sich auf die Spuren des Apparats zu begeben, der ihm diese Unzufriedenheit beschert hat. Auch hat es stellenweise den Anschein, dass das Buch nur geschrieben wurde, um der Unzufriedenheit des Autors ein öffentliches Forum zu bieten."

Dazu kann ich zum einen vielleicht kurz festhalten, dass ich die genannte Mitgliedschaft sicher nicht beanspruche wie ich auch den mir verliehenen akademischen Grad „Master of Advanced Studies (Geschichtsforschung und Archivwissenschaft)" keineswegs führe. Mit welchen „Aspekten und Teilen des Lehrbetriebs am IÖG" ich möglicherweise „unzufrieden" gewesen sein könnte, schimmert an einigen Stellen des Buches vielleicht sogar durch. Grundsätzlich unzufrieden bin ich aber immer mit ungelösten wissenschaftlichen Problemen, und das war in diesem Falle unter anderem vielleicht sogar die eigentlich entscheidende Folie.

Durchaus bemerkenswert ist daher auch die (an dieser Stelle erstaunlich treffliche) Feststellung des Rezensenten, ich hätte mich „auf die Spuren des Apparats" begeben. Genau darin liegt eben gerade das Wesen tatsächlicher „Geschichtsforschung", dass der Forscher sich auf die „Spuren" (des Apparats oder was auch immer gerade sein Thema sein mag) begibt. Ob der spezifische Antrieb dieses Nachforschens im Einzelfall aus Unzufriedenheit oder vielleicht sonst einer persönlichen Einstellung resultieren mag, kann die Qualität des Ergebnisses (allein) jedenfalls nicht mindern.

Auch im weiteren Verlauf bin ich dem Rezensenten für seine differenzierenden Aussagen durchaus dankbar: „Der ‚historische Teil' bietet prinzipiell keine wirklich neuen größeren wissenschaftsgeschichtlichen Forschungsergebnisse für die Institutsgeschichte, auch wenn viele Details oder manche Meinung des Autors von Interesse sind und er das IÖG in seinem interdependenten Verhältnis zum österreichischen Archivwesen beschreibt. Ausschlaggebend ist beispielsweise, dass Zehetbauer bei seiner Darstellung des Instituts im Zeitraum 1918–1945 über die bisherige Literatur nicht hinauskommt, stellenweise sogar hinter dieser zurückbleibt. Das gilt insbesondere für die wissenschaftsgeschichtlich viel diskutierten 1930er- und 1940er-Jahre. Hier bleibt der ansonsten gerne eloquent mit äußerst subjektiven Meinungen agierende Autor etwa bei der Darstellung des Wirkens bestimmter Institutsmitglieder im Nationalsozialismus auffallend still und lässt Quellen (freilich nicht alle relevanten) für sich sprechen. Auch vermisst man in diesem ‚historischen Teil' eine einigermaßen genügende historische Kontextualisierung und dementsprechende Literaturangaben."

Dazu kann ich selbst nur feststellen, dass das „Wirken bestimmter Institutsmitglieder im Nationalsozialismus" überhaupt nicht Thema des Buches ist und auch der Nationalsozialismus selbst nur insoweit zur Sprache kommt, als sich entweder aus primären Quellen ein ganz konkreter Bezug zur Thematik ergibt oder ein solcher Bezug im Rahmen bisheriger einschlägiger Arbeiten (mehrfacher Dank an Manfred Stoy) hergestellt wurde. Eine darüber hinausgehende „Kontextualisierung" oder auch weitläufige Dokumentation mehr oder weniger bedeutsamer Literatur hätte weder zum Thema beigetragen noch sonst irgendeinen Mehrwert erbracht.

Dankbar bin ich auch, dass der Rezensent mir teilweise recht gibt und dabei sogar – wenn auch mit Anführungszeichen – das Vokabel „wahr" verwendet: „Der Rezensent, selbst (ausländisches) Mitglied des IÖG und Absolvent des Ausbildungskurses 1992–1995, kann Folgendes anmerken: Einige der von Zehetbauer angeführten Kritikpunkte mögen ‚wahr' sein, einige der von ihm beanstandeten Vorgänge um Patronage und Klientel zutreffen. Nur handelt es sich dabei um Dinge, die keineswegs ausschließlich am IÖG vorgekommen sein mögen, es handelt sich um Dinge bzw. Verhaltensweisen, die zumindest im mitteleuropäischen Raum mit jeweiligem Lokalkolorit wohl fast überall dort vorkommen, wo eine größere Gruppe von Menschen unter bestimmten Bedingungen zusammenarbeitet bzw. eine Ausbildung vermittelt wird. Anders gesagt: Die Verhältnisse, die Zehetbauer angreift und offenlegen will, hat der Rezensent sowohl an Schulen als auch an Universitäten oder bei Behörden in und außerhalb Wiens beobachten oder zumindest davon hören können. Nur wenn es gelingen würde, IÖG-spezifische Verhaltensweisen zu eruieren, hätte das Vorgehen Zehetbauers einen (gewissen) Sinn."

Wenn es sich hier also um „Dinge bzw. Verhaltensweisen" handelt, die „im mitteleuropäischen Raum mit jeweiligem Lokalkolorit" offenbar nicht zu beanstanden sind, so soll es mir auch recht sein – ich will ja ohnehin nicht versuchen mir vorzustellen, wie sich die Situation vielleicht weiter östlich in Richtung Kaukasus darstellen mag. Ob es sich dabei insgesamt nun um „IÖG-spezifische Verhaltensweisen" handelt oder nicht, kann ohnehin nur der Beurteilung durch den Leser anheim gestellt sein. Das einzig vielleicht Unbefriedigende an der Sache ist, dass ich bis heute nicht eigentlich sagen kann, welche „Ausbildung" genau mir damals eigentlich „vermittelt" wurde.

„Trotzdem" (nämlich der vorangegangenen vernichtenden Kritik) werde man das Buch bei Studien oder Fragen über das IÖG neben Lhotsky und Stoy in die Hand nehmen müssen, um zu erfahren, was der Autor zu einem bestimmten Thema zu sagen habe: „Es gehört zu den nicht so wenigen Büchern, deren faktische Existenz dem Wissenschaftler seine Benutzung aufzwingt." Und damit hat es sich selbst ja zumindest *einen* „(gewissen) Sinn" gegeben, wobei seine „faktische Existenz" sich inzwischen sogar um ein achtes Kapitel vermehr hat. Was die vielleicht nicht ganz zu Unrecht angemerkten „Bloßstellungen" betrifft, so bleibt nur zu hoffen, dass mich auch weiterhin niemand vor Gericht zitiert.

8.4 „Ein gleichnamiges Institut"

Mitte Juli 2015 wurde auf der Website des Bundesministerium für Wissenschaft, Forschung und Wirtschaft im Bereich „Rechtsvorschriften" die vorgesehene Änderung des Universitätsgesetzes und des Forschungsorganisationsgesetzes präsentiert. Bei einem Besuch der Seite am 18. Juli 2015 war als Datum der letzten Änderung der 14. Juli 2015 ausgewiesen, als Ende der Begutachtungsfrist war der 20. August 2015 angegeben. An weiterführenden Informationen zur Gesetzesänderung waren fünf PDF-Dokumente beigegeben, diese trugen die Dateinamen „Entwurf" (234 kB), „Vorblatt und WFA" (192 kB), „Erläuterungen" (336 kB), „Textgegenüberstellung Universitätsgesetz" (422 kB) und „Textgegenüberstellung Forschungsorganisationsgesetz" (125 kB).

Die Datei „Entwurf"[11] enthält den ausformulierten Text des geplanten Bundesgesetzes, mit dem das Universitätsgesetz und das Forschungsorganisationsgesetz in einem Zug geändert werden sollten, die beiden Textgegenüberstellungen bestehen aus Tabellen, in denen die „geltende Fassung" und die „vorgeschlagene Fassung" in den jeweils abweichenden Passagen nebeneinander gestellt sind. Die spezifischen Details und Motivationen der vorgesehenen Änderungen sind im „Vorblatt" mit der „WFA" („Wirkungsorientierte Folgenabschätzung") und den „Erläuterungen" enthalten.

Dem „Vorblatt" zufolge verfolgt der Entwurf insgesamt fünf Ziele, das sind in dieser Reihenfolge:

- „Stärkung der inneruniversitären Partizipation und Abbildung des im Kollektivvertrag bereits vorgezeichneten neuen Karriereweges ('Tenure Track') im Organisationsrecht des UG;
- befristete Fortführung und Harmonisierung der bisherigen Zugangsregelungen in modifizierter Form;
- Schaffung von Erleichterungen für Studierende durch Änderung von studienrechtlichen Bestimmungen;
- Anpassung von organisationsrechtlichen Bestimmungen;
- Integration des Österreichischen Archäologischen Instituts in die Österreichische Akademie der Wissenschaften und Integration des Instituts für Österreichische Geschichtsforschung in die Universität Wien."

Spezielle Anmerkungen gibt es dann unter der Überschrift „Finanzielle Auswirkungen auf den Bundeshaushalt und andere öffentliche Haushalte", wo festgestellt wird, dass die Maßnahmen im Bereich der Änderung des Universitätsgesetzes kostenneutral bzw. durch das Globalbudget der Universitäten gedeckt seien, während es sich bei den finanziellen Auswirkungen im Bereich des Forschungsorganisationsgesetzes lediglich um Umschichtungen handle, durch welche keine Mehrkosten entstünden.

Ein erster Punkt behandelt dabei kurz die Integration des Österreichischen Archäologischen Instituts in die Akademie der Wissenschaften, unter dem zweiten Punkt ist

---

[11] Dieser Rechtstext ist auch weiterhin abrufbar unter https://www.ris.bka.gv.at/Dokumente/Begut/BEGUT_COO_2026_100_2_1113317/BEGUT_COO_2026_100_2_1113317.pdf

über die Integration des Instituts für Österreichische Geschichtsforschung in die Universität Wien in ähnlicher Weise Folgendes vermerkt:

„Sachaufwand:

Für die Jahre 2016-2018 wird der derzeit (2015) für diese Jahre budgetierte Sachmittelaufwand in Höhe von 384 000 Euro jährlich der Universität Wien zur Verfügung gestellt. Ab dem Jahr 2019 sind die Sachmittel Teil des Globalbudgets der Universität Wien.

Personalaufwand:

Die Bezahlung der Bundesbediensteten des Instituts für Österreichische Geschichtsforschung erfolgt direkt über die Bundesbesoldung (PM-SAP) des Bundesministeriums für Wissenschaft, Forschung und Wirtschaft. Dafür werden pro Jahr rund 728 000 Euro aufgewendet."

Das dreiseitige Vorblatt enthält dann weiters noch die Absätze „Auswirkungen auf die Gleichstellung von Frauen und Männern" sowie „Auswirkungen auf Kinder und Jugend", doch ergab sich in diesen Bereichen offenbar kein inhaltlicher Bezug.

Die im PDF an das Vorblatt unmittelbar anschließende, insgesamt zehnseitige „Wirkungsorientierte Folgenabschätzung" stellt unter den Überschriften „Problemanalyse"/ „Problemdefinition" einleitend fest:

„Die vorliegende UG-Novelle 2015 greift wichtige Themen zur Weiterentwicklung dieses Gesetzes auf. Insbesondere werden mit den personalrechtlichen Aspekten und der befristeten Verlängerung der bereits bestehenden Zugangsregelungen im Rahmen der vorliegenden Novelle zwei zukunftsweisende Themenbereiche umgesetzt. Das Tätigwerden des Gesetzgebers ergibt sich aus:"

Dem folgt eine Aufzählung von vier Gründen für das Tätigwerden des Gesetzgebers, nämlich erstens aus der Umsetzung von im Regierungsprogramm vorgesehenen Maßnahmen, zweitens aus Empfehlungen des Wissenschaftsrates und anderer Gremien, drittens aus der Umsetzung der Ergebnisse der Evaluierungen zu den Zulassungsregelungen und zur Studieneingangs- und Orientierungsphase. Der vierte und letzte Punkt lautet dann: „einer Empfehlung des Rechnungshofes, das Institut für Österreichische Geschichtsforschung in die Universität Wien einzugliedern".

Dem folgt die Feststellung, dass im Forschungsorganisationsgesetz zwei Änderungen vorgesehen seien:

- „Das Österreichische Archäologische Institut ist gemäß FOG eine nachgeordnete Dienststelle des Bundesministeriums für Wissenschaft, Forschung und Wirtschaft und als solche an die Rahmenbedingungen der allgemeinen Bundesverwaltung gebunden. Für eine reine Forschungseinrichtung sind diese Rahmenbedingungen nicht mehr optimal. Vor allem die steigende Komplexität rechtlicher und administrativer Anforderungen für die Zweigstellen im Ausland bzw. den Auslandsgrabungen ist mit dem Status als nachgeordnete Dienststelle nicht mehr vereinbar.

- Das Institut für Österreichische Geschichtsforschung ist gemäß FOG eine nachgeordnete Dienststelle des Bundesministeriums für Wissenschaft, Forschung und Wirtschaft und als solche an die Rahmenbedingungen der allgemeinen Bundesverwaltung gebunden. Für eine reine Forschungseinrichtung sind diese Rahmenbedingungen nicht mehr optimal. Auch der Rechnungshof hat bei seiner letzten Prüfung eine Integration in die Universität Wien empfohlen."

Zumindest im Hinblick auf das Institut für Österreichische Geschichtsforschung sind diese Deutungen jedenfalls nicht uninteressant, denn 2009 (Erlassung der Verordnung über die Organisationsstruktur) und zuletzt 2011 (Bekanntmachung des Wissenschaftlichen Beirates) hatte man diese Rahmenbedingungen sogar noch bewusst weiter ausgebaut. Aber vielleicht war es ja tatsächlich der Rechnungshof, dessen kritisch-mahnende Stimme den letzten Ausschlag gegeben hat. Als „Nullszenario und allfällige Alternativen" galt jedenfalls lapidar: „Beibehaltung der derzeitigen Rechtslage".

Der Absatz „Ziele" handelt in der Folge der Reihe nach die fünf Zielsetzungen ab, wie sie schon im Vorblatt ausgesprochen wurden, und stellt dabei jeweils den „Ausgangszustand Zeitpunkt der WFA" und den „Zielzustand Evaluierungszeitpunkt" gegenüber. Beim Ziel 5 sieht das so aus:

„Ziel 5: Integration des Österreichischen Archäologischen Instituts in die Österreichische Akademie der Wissenschaften und Integration des Instituts für Österreichische Geschichtsforschung in die Universität Wien.

Wie sieht Erfolg aus:

Ausgangszustand Zeitpunkt der WFA	Zielzustand Evaluierungszeitpunkt
Das Institut für Österreichische Geschichtsforschung ist eine nachgeordnete Dienstelle des Bundes.	Das Institut für Österreichische Geschichtsforschung ist in die Universität Wien eingegliedert."

Entsprechend den gesetzten „Zielen" folgt nun eine Reihe von insgesamt dreizehn „Maßnahmen", die jeweils aus einer „Beschreibung der Maßnahme" sowie der „Umsetzung" des zugehörigen Zieles bestehen. Zum Ziel 5 gehört dabei einschlägig die Maßnahme 13:

„Maßnahme 13: Integration des Österreichischen Archäologischen Instituts in die Österreichische Akademie der Wissenschaften und Integration des Instituts für Österreichische Geschichtsforschung in die Universität Wien.

Beschreibung der Maßnahme: Mit der vorliegenden Änderung des FOG wird der Status des Österreichischen Archäologischen Instituts sowie des Instituts für Österreichische Geschichtsforschung als nachgeordnete Dienststellen des Bundesministeriums für Wissenschaft, Forschung und Wirtschaft aufgehoben. Bezüglich Rechtsnachfolge und Vermögensübergang werden Übergangsbestimmungen erlassen.

In Hinblick auf das Österreichische Archäologische Institut wird zur Einrichtung einer entsprechenden Forschungseinheit an der Österreichischen Akademie der Wissenschaften eine Vereinbarung zwischen dem Bundesministerium für Wissenschaft, Forschung und Wirtschaft und der Österreichischen Akademie der Wissenschaften geschlossen. In Bezug auf das Institut für Österreichische Geschichtsforschung wird ein gleichnamiges Institut an der Universität Wien eingerichtet."

Bemerkenswert sind hier jedenfalls die verwendeten Formulierungen, denn erfolgt beim Österreichischen Archäologischen Institut die spezifische Problemlösung durch Einrichtung einer „entsprechenden Forschungseinheit" an der Österreichischen Akademie der Wissenschaften, so ist beim Institut für Österreichische Geschichtsforschung weder von „entsprechend" noch von „Forschungseinheit" die Rede, sondern es wird vielmehr ein „gleichnamiges Institut", und zwar „an der Universität Wien", in den Raum gestellt.

Nun könnte man das insofern für belanglos halten, als das Institut ohnehin eine mehr als anderthalb Jahrhunderte lange Geschichte mit immer wieder neuen Namensvariationen hinter sich hat: „Institut für österreichische Geschichtsforschung", „Österreichisches Institut für Geschichtsforschung", „Institut für Geschichtsforschung und Archivwissenschaft (in Wien)", „Institut für österreichische Geschichtsforschung", „Institut für Österreichische Geschichtsforschung". Allerdings korreliert dies durchaus mit der bereits 2009 im Zusammenhang mit der damaligen Erlassung der Verordnung über die Organisationsstruktur publizierten Feststellung: „Das Institut für Österreichische Geschichtsforschung erhielt seinen Namen bei dessen Gründung in der Mitte des 19. Jahrhunderts. Er ist zu einer Markenbezeichnung geworden und soll aus diesem Grund auch erhalten bleiben."

Die siebzehnseitigen „Erläuterungen" bestehen dann aus einem kürzeren „Allgemeinen Teil" und einem etwas längeren „Besonderen Teil", wobei der „Besondere Teil" aber auf die gleichen Umstände und mit weitgehend identischer Formulierung erneut Bezug nimmt und dabei den Text dem jeweiligen Sachzusammenhang entsprechend noch um einige Zeilen ergänzt. Im „Allgemeinen Teil" findet sich zu den Änderungen des Universitätsgesetzes zunächst die kurze Feststellung: „Das Institut für Österreichische Geschichtsforschung wird an die Universität Wien angegliedert."

Bei den Änderungen des Forschungsorganisationsgesetzes erfolgen dann umfangreichere Ausführungen, wobei zunächst zum Österreichischen Archäologischen Institut festgestellt wird:

„Das Österreichische Archäologische Institut ist derzeit gemäß den Bestimmungen des Forschungsorganisationsgesetzes - FOG, BGBl. Nr. 341/1981, in der Fassung des Bundesgesetzes BGBl. I Nr. 74/2004, eine wissenschaftliche Anstalt des Bundes. Seine Aufgaben umfassen Forschung, Dokumentation und Ergebnisverbreitung auf dem Gebiet der Archäologie, vor allem im Bereich der Erforschung vergangener Kulturen des griechisch-römischen Kulturkreises im Mittelmeerraum, in den Kulturräumen der ehemaligen Donaumonarchie und des historischen Erbes der römischen Kultur auf dem heutigen Staatsgebiet der Republik Österreich. Aus forschungs- und wissenschaftsaußenpolitischer Sicht ist der langfristige Bestand des Österreichischen Archäologischen Instituts von großer Bedeutung. Um diesen zu sichern und institutionelle sowie wissenschaftliche Synergien zu nutzen bzw. zu fördern ist vorgesehen, das Österreichische Archäologische Institut in die Österreichische Akademie der Wissenschaften zu integrieren. Die organisatorischen Rahmenbedingungen werden in der Leistungsvereinbarung zwischen dem Bundesministerium für Wissenschaft, Forschung und Wirtschaft und der Österreichischen Akademie der Wissenschaften festgeschrieben."

Danach folgt ein etwas längerer Absatz zum Institut für Österreichische Geschichtsforschung:

„Das Institut für Österreichische Geschichtsforschung ist derzeit gemäß den Bestimmungen des Forschungsorganisationsgesetzes - FOG, BGBl. Nr. 341/1981, in der Fassung des Bundesgesetzes BGBl. I Nr. 74/2004, eine wissenschaftliche Anstalt des Bundes. Es führt vorwiegend Langfristprojekte in Gestalt der Erschließung und der Edition von Quellen der europäischen und der österreichischen Geschichte des Mittelalters und der Neuzeit durch. Weiters liegt die Federführung bei der Betreuung, Koordinierung und Durchführung des Masterstudiums „Geschichtsforschung, Historische Hilfswissenschaften und Archivwissenschaft" an der Historisch-Kulturwissenschaftlichen Fakultät der Universität Wien beim Institut für Österreichische Geschichtsforschung. Das Institut für Österreichische Geschichtsforschung verfügt über eine Präsenzbibliothek und Sammlungen, die der Erfüllung seiner Forschungsaufgaben dienen. Die Herausgabe der (seit 1880 erscheinenden) Zeitschrift „Mitteilungen des Instituts für Österreichische Geschichtsforschung" (MIÖG) und mehrerer Buchreihen verschafft dem Institut auch internationale Anerkennung.

Der Rechnungshof hat mehrfach angeregt, dieses Institut in die Universität Wien einzugliedern. Aus diesem Grund wird vorgesehen, dass die Regelungen des FOG über das Institut für Österreichische Geschichtsforschung außer Kraft treten und gleichzeitig an der Universität Wien die Einrichtung einer Organisationseinheit „Institut für Österreichische Geschichtsforschung" nach dem Vorbild „Gemäldegalerie und Kupferstichkabinett" an der Akademie der bildenden Künste Wien vorgesehen wird. Dies bedarf jedoch einer Sonderregelung. Die Aufzählung der Aufgaben des Instituts für Österreichische Geschichtsforschung in der vorgeschlagenen Fassung ist im Lichte der bisherigen Rechtslage gemäß § 26 Abs. 2 FOG zu sehen."

Auffällig ist dabei vielleicht, dass die Einrichtung der neuen Organisationseinheit „Institut für Österreichische Geschichtsforschung" an der Universität Wien speziell nach dem Vorbild „Gemäldegalerie und Kupferstichkabinett" an der Akademie der bildenden Künste erfolgt und nicht etwa, wie man auf den ersten Blick vielleicht annehmen würde, nach dem Vorbild anderer geschichtswissenschaftlicher Universitätsinstitute. Zieht man zum Vergleich die Eigendefinition der Akademie der bildenden Künste heran, so mag sich eine Ahnung schwach schimmernder Zusammenhänge einstellen:

„Dem Lehren und Forschen an unserer Kunstuniversität liegt ein differenzierter Kunstbegriff zu Grunde. Er umfasst die ästhetische Erscheinung der Werke ebenso wie die für die künstlerische Praxis charakteristischen Denkformen. Die Akademie begreift Kunst vorwiegend als eine Denk- und Handlungsweise, die sich in verschiedensten Medien manifestieren kann. Kunst, verstanden als spezifische Erkenntnisform, kann ihren Ausdruck auch in vielen scheinbar kunstfernen Berufen finden."[12]

Bemerkenswert ist daneben die dezidierte Feststellung, die Aufzählung der Aufgaben des Instituts für Österreichische Geschichtsforschung sei „im Lichte" der bisherigen Rechtslage gemäß § 26 (2) FOG zu sehen. Denn dieser legte mit Bezug auf das Institut für Österreichische Geschichtsforschung zuletzt wörtlich fest:[13]

„Seine Aufgaben umfassen Forschung und Dokumentation sowie Information über deren Ergebnisse auf dem Gebiet der österreichischen Geschichte in ihrem internationalen Kon-

---

[12] https://www.akbild.ac.at/Portal/studium/studienrichtungen/studienrichtungen?set_language=de&cl=de
[13] BGBl. I, Nr. 74/2004.

text und die vertiefte Forschung und Ausbildung im Bereich der österreichischen Geschichtswissenschaften unter Einschluss der Historischen Hilfswissenschaften, insbesondere auch die Abhaltung von Lehrgängen, die Abnahme von Staatsprüfungen und die Vergabe von Stipendien. Weitere Festlegungen können im Rahmen der Anstaltsordnung durch Verordnung der Bundesministerin oder des Bundesministers für Bildung, Wissenschaft und Kultur getroffen werden, wobei insbesondere auf die Aufgaben und die Organisationsstruktur der Universität Wien in Hinblick auf einen effizienten Ressourceneinsatz Bedacht zu nehmen ist."

Hat man sich hier erneut auf das eigentlich zu ändernde FOG bezogen, weil dessen Formulierungen so treffend waren? Oder hat man auf ministerieller Seite möglicherweise schon damals nicht eigentlich gewusst, was genau man da ins Gesetz schrieb? Denn welches „Licht" ergibt sich eigentlich aus der solcherart vorliegenden „bisherigen Rechtslage"?

Anders gefragt: Was genau ist „*Forschung und Dokumentation* sowie *Information über deren Ergebnisse*"? Was ist unter dem „*Gebiet der österreichischen Geschichte* in ihrem *internationalen Kontext*" zu verstehen? Was hat man sich unter „*vertiefter Forschung und Ausbildung* im Bereich der *österreichischen Geschichtswissenschaften* unter *Einschluss der Historischen Hilfswissenschaften*" vorzustellen? Was ergibt sich aus all dem im Hinblick auf die „*Abhaltung von Lehrgängen*, die *Abnahme von Staatsprüfungen* und die *Vergabe von Stipendien*"? Diese Fragen kann man heute somit nur noch der Universität Wien stellen.

8.5 Alte Identität – neues Gesicht?

Was der tatsächlichen Gesetzesänderung neben der Präsentation des Gesetzesentwurfes auf der Website des Wissenschaftsministeriums im Sommer 2015 ebenfalls vorausging, waren einschlägige Pressemeldungen. Am 13. Juli 2015 titelte der ORF:[14]

„Zwei weitere Eingliederungen: Vor fünf Jahren wurde damit begonnen, außeruniversitäre Forschungsinstitute in größere Einrichtungen einzugliedern. Nun trifft es zwei besonders traditionsreiche: Das Österreichische Archäologische Institut kommt zur Akademie der Wissenschaften, das Institut für Österreichische Geschichtsforschung zur Uni Wien."

Die Tageszeitung „Die Presse" meldete am selben Tag:[15]

„Gesetz: Institute verlieren Selbstständigkeit. Das Archäologische Institut und das Institut für Geschichtsforschung werden in die Akademie der Wissenschaften und die Uni Wien eingegliedert."

Der „Standard" berichtete unter dem Titel „Außeruniversitäre Forschungsinstitute ÖAI und IÖG werden eingegliedert" von „vorsichtig positiven Reaktionen":[16]

---

[14] http://sciencev2.orf.at/stories/1760650/index.html
[15] http://diepresse.com/home/bildung/universitaet/4775977/Institute-verlieren-Selbststaendigkeit
[16] http://derstandard.at/2000019025725/Ausseruniversitaere-Forschungsinstitute-OeAI-und-IOeG-werden-eingegliedert

„Das IÖG habe sich lange gegen eine Eingliederung gesträubt, kommentierte dessen Direktor Thomas Winkelbauer. ‚Aber ich hoffe, dass die jetzt gefundene Form, die im Detail noch mit dem Rektorat geklärt werden muss, die Bewahrung der Identität des IÖG ermöglichen wird.' Durch die geplante Fixierung des IÖG im Universitätsgesetz als eigene Organisationseinheit der Uni Wien unterstehe das Institut direkt dem Rektorat. Dies sei wichtig, um die Aufgaben des Instituts, speziell Langzeitprojekte, sicherstellen zu können."

Ich habe bereits an anderer Stelle von jenen besonderen Instituten geschrieben, die etwa auf der Suche nach einer eigenen „Daseinsform" sind oder in einer jahrzehnte- und jahrhundertelangen Existenz eine spezielle „Eigenart" entwickeln. So gesehen ist es nicht unverständlich, dass sie dann auch um die „Bewahrung" der solcherart errungenen Eigenart bemüht sind und sich gegen äußere Bedrohungen dieser „Identität" entsprechend nachdrücklich „sträuben".

Im Herbst 2015 erschienen dann aus dem Parlamentsklub der ÖVP hintereinander insgesamt drei Statements von ÖVP-Wissenschaftssprecher Karlheinz Töchterle, die ebenfalls die Novelle des Universitätsgesetzes und des Forschungsorganisationsgesetzes zum Inhalt hatten. Alle drei Meldungen kommentierten die Thematik in stets gleicher Weise positiv, variierten dabei aber immer geringfügig den Wortlaut des Pressetextes.

Am 22. September 2015 lautete die Schlagzeile zunächst: „*Karlheinz Töchterle: Perspektiven für Jungwissenschaftler durch UG-Novelle verbessert*". Der letzte Absatz der einseitigen Meldung besagte wörtlich:[17]

„Abschließend nennt Töchterle die öfters etwa vom Rechnungshof geforderte Überführung des Instituts für Österreichische Geschichtsforschung (IÖG) an die Universität Wien bzw. des Österreichischen Archäologischen Instituts (ÖAI) an die Österreichische Akademie der Wissenschaften. ‚*Zentral ist dabei, dass diese beiden Institute, die sich international einen exzellenten Ruf erarbeitet haben, als solche sichtbar bleiben.*'"

Am 30. September 2015 hieß es unter dem Titel „*Karlheinz Töchterle: Verbesserte Karriereperspektiven für Jungwissenschaftler*" am Schluss:[18]

„Als weiterer Aspekt der Novelle nennt Töchterle die öfters etwa vom Rechnungshof geforderte Überführung des Instituts für Österreichische Geschichtsforschung (IÖG) an die Universität Wien bzw. des Österreichischen Archäologischen Instituts (ÖAI) an die Österreichische Akademie der Wissenschaften. ‚*Zentral ist dabei, dass diese beiden Institute als solche sichtbar bleiben, gerade auch in Hinblick auf ihren international exzellenten Ruf.*'"

Am 14. Oktober 2015 ergab sich unter der neuen Überschrift „*Karlheinz Töchterle: Fülle guter, stimmiger Neuerungen für Hochschul- und Forschungsbereich*" die dritte Variation:[19]

---

[17] http://www.ots.at/presseaussendung/OTS_20150922_OTS0125/karlheinz-toechterle-perspektiven-fuer-jungwissenschaftler-durch-ug-novelle-verbessert
[18] http://www.ots.at/presseaussendung/OTS_20150930_OTS0188/karlheinz-toechterle-verbesserte-karriereperspektiven-fuer-jungwissenschafter
[19] http://www.ots.at/presseaussendung/OTS_20151014_OTS0149/karlheinz-toechterle-fuelle-guter-stimmiger-neuerungen-fuer-hochschul-und-forschungsbereich

„Der ÖVP-Wissenschaftssprecher nennt weiters die Eckpunkte der Novelle zum Forschungsorganisationsgesetz, wonach das Institut für Österreichische Geschichtsforschung (IÖG) an die Universität Wien bzw. das Österreichische Archäologische Institut (ÖAI) an die Österreichische Akademie der Wissenschaften übergeführt werden. *Bei beiden international renommierten Instituten bleiben dabei Identität und Sichtbarkeit gewährleistet*, so Töchterle.“

Die Pressestelle des ÖVP-Parlamentsklubs hatte somit in Abständen von ein bis zwei Wochen die Vorgänge zusätzlich befeuert, kein Wunder, war Wissenschaftssprecher Karlheinz Töchterle doch der Vorgänger von Minister Reinhold Mitterlehner. War aber im September 2015 noch beide Male jeweils bloß die Formulierung zu lesen gewesen, dass die Institute „als solche sichtbar bleiben“ sollten, so war im Oktober das Kriterium anscheinend irgendwie erweitert worden, denn jetzt war nicht mehr nur von „Sichtbarkeit“, sondern sogar von „Identität und Sichtbarkeit“ die Rede. Letzteres korrelierte nun allerdings auch mit der Aussage des Institutsdirektors vom Juli, in der laut „Standard“ wie auch einer APA-Meldung die „Bewahrung der Identität des IÖG“ beschworen worden war.

Wie es mit dieser „Identität“, die zumindest aus der Perspektive eines 160-jährigen historischen Herkommens zuletzt etwas besser beschreibbar geworden war, nun faktisch weitergehen sollte, das lag jetzt in den Händen des modernen Gesetzgebers. Wie der Nationalrat mit dem Bundesgesetz vom 6. November 2015, mit dem das Universitätsgesetz 2002 und das Forschungsorganisationsgesetz geändert werden,[20] beschloss, wurden mit Ablauf des 31. Dezember 2015 mehrere bestehende gesetzliche Bestimmungen aufgehoben bzw. traten neue in Kraft. Mit 1. Jänner 2016 war alles anders.

Im Bereich des Forschungsorganisationsgesetzes betraf dies einerseits die Paragraphen 24 und 25 FOG (Bestimmungen über das Österreichische Archäologische Institut) sowie die Verordnung des Bundesministers für Wissenschaft und Forschung über die Organisationsstruktur des Österreichischen Archäologischen Instituts.[21] Zum anderen betraf es die Paragraphen 26 und 27 FOG (Bestimmungen über das Institut für Österreichische Geschichtsforschung), dann die Verordnung des Bundesministers für Wissenschaft und Forschung von 1993 über den Lehrgang des Instituts für Österreichische Geschichtsforschung[22] sowie schließlich die zuletzt 2009 erlassene Verordnung des Bundesministers für Wissenschaft und Forschung über die Organisationsstruktur des Instituts für Österreichische Geschichtsforschung.[23]

Damit war nun also mit einem Schlag der gesamte einschlägige Rechtsbestand aufgehoben worden. Auch dem zuletzt auf der Grundlage der Verordnung über die Organisationsstruktur eingerichteten „Wissenschaftlichen Beirat“, welcher der „Sicherung der wissenschaftlichen Leistungsfähigkeit“ des Instituts dienen sollte, war somit nur ein eher kurzes Leben beschieden gewesen. Aus dem Umstand, dass auch die Lehrgangsverordnung von 1993 erst jetzt offiziell außer Kraft gesetzt wurde, ergibt sich eigent-

---

[20] BGBl. I, Nr. 131/2015.
[21] BGBl. II, Nr. 38/2008.
[22] BGBl. 1993, 205. Stück, Nr. 559.
[23] BGBl. II, Nr. 298/2009.

lich, dass deren Inhalte, wie etwa die Bestimmung über die Staatsprüfung, zumindest auf dem Papier bis zum 31. Dezember 2015 Gültigkeit besessen haben.

Was man in diesem Zusammenhang nicht mehr aufzuheben brauchte, war die aus dem Jahr 1999 stammende Verordnung des Bundesministers für Wissenschaft und Verkehr über die Berechtigung zur Führung der Bezeichnung „Lehrgang universitären Charakters" und über den akademischen Grad „Master of Advanced Studies (Geschichtsforschung und Archivwissenschaft)". Diese hatte in § 2 (2) bestimmt, dass an Absolventinnen und Absolventen vorangegangener Lehrgänge des Instituts für Österreichische Geschichtsforschung der nämliche akademische Grad auf deren Antrag und nach Ablegung allfälliger von der Staatsprüfungskommission vorgeschriebener ergänzender Prüfungen zu verleihen war. Diese Verordnung war mit 1. August 1999 in Kraft getreten, aber bereits mit Ablauf des 30. September 2005 wieder außer Kraft getreten.[24]

Aus der Aufhebung der bisher geltenden Bestimmungen ergab sich für beide betroffene Institute im Hinblick auf ihre rechtliche Stellung nun eine neue Situation, die in den Paragraphen 38a und 38b FOG festgelegt wurde. Paragraph 38a regelt in insgesamt elf Absätzen die Belange des Österreichischen Archäologischen Instituts, Absatz 1 bestimmt die Rechtsnachfolge durch die Akademie der Wissenschaften:

„§ 38a. (1) Die Österreichische Akademie der Wissenschaften gemäß dem Bundesgesetz betreffend die Akademie der Wissenschaften in Wien, BGBl. Nr. 569/1921, wird mit 1. Jänner 2016 (Stichtag) Gesamtrechtsnachfolgerin des Österreichischen Archäologischen Instituts gemäß § 24 in der Fassung des Bundesgesetzes BGBl. I Nr. 74/2004."

Die Absätze 2 bis 11 regeln in formaler Hinsicht vor allem die sich aus der neuen Situation ergebende Stellung der Bediensteten des Österreichischen Archäologischen Instituts sowie den Übergang diverser Miet- und Eigentumsrechte sowie bestehender Vertragsverhältnisse.

Paragraph 38b FOG regelt in analoger Weise die Belange des Instituts für Österreichische Geschichtsforschung, auch hier bestimmt Absatz 1 die einschlägige Rechtsnachfolge:

„§ 38b. (1) Die Universität Wien gemäß § 6 Abs. 1 Z 1 des Universitätsgesetzes 2002 – UG, BGBl. I Nr. 120/2002, wird mit 1. Jänner 2016 (Stichtag) Gesamtrechtsnachfolgerin des Instituts für Österreichische Geschichtsforschung gemäß § 26. Die §§ 137 bis 140 UG sind mit der Maßgabe anzuwenden, dass die Universität Wien als ‚nutzende Universität' im Sinne dieser Bestimmungen gilt."

Dazu lautet ergänzend Absatz 8:

„(8) Abweichend von Abs. 1 verbleibt der am 31. Dezember 2015 vorhandene Bestand der Bibliothek und der Sammlungen des Instituts für Österreichische Geschichtsforschung im Eigentum des Bundes."

---

[24] BGBl. II, Nr. 232/1999.

Letztere Bestimmung dürfte in Analogie zu § 139 (4) Universitätsgesetz zu sehen sein, welcher festgelegt, dass „die Bestände der Universitätsbibliotheken, die aus geschichtlichem, künstlerischem und sonstigem kulturellen oder wissenschaftlichen Zusammenhang ein Ganzes bilden, im Eigentum des Bundes" verbleiben. Dass die Bestände des Instituts für Österreichische Geschichtsforschung aus „geschichtlichem Zusammenhang" ein „Ganzes" bilden, wird kaum zu bestreiten sein.

Die diesen Festlegungen im Bereich des FOG entsprechende Änderung des Universitätsgesetzes bestand darin, dass einerseits im Inhaltsverzeichnis nach dem 7. Unterabschnitt des 2. Abschnitts des I. Teils entsprechende zusätzliche Zeilen eingefügt und im Inneren des Gesetzestextes der gesamte neue 8. Unterabschnitt aufgenommen wurde:

„8. Unterabschnitt
Sonderbestimmungen für die Universität Wien
Institut für Österreichische Geschichtsforschung

§ 40a. (1) An der Universität Wien ist eine Organisationseinheit mit der Bezeichnung „Institut für Österreichische Geschichtsforschung" einzurichten. Bei der Organisation dieser Einrichtung sind die Aufgaben in Forschung und Lehre und die besondere Stellung des Instituts für Österreichische Geschichtsforschung im Kontext der Geschichtswissenschaften und des Archivwesens auf nationaler und internationaler Ebene zu berücksichtigen.

(2) Die Aufgaben des Instituts für Österreichische Geschichtsforschung umfassen im Hinblick auf seine Bedeutung im Bereich der Geschichtswissenschaften insbesondere die Planung und Durchführung von Forschungsvorhaben auf dem Gebiet der europäischen Geschichte des Mittelalters und der Neuzeit sowie der österreichischen Geschichte mit einem Schwerpunkt auf den Historischen Hilfswissenschaften, der Quellenedition und Quellenerschließung auf der Grundlage anerkannter internationaler Standards und deren Dokumentation und Publikation.

(3) Zur Leiterin oder zum Leiter des Instituts für Österreichische Geschichtsforschung darf nur eine Person mit einschlägiger Ausbildung und entsprechend hoher fachlicher Qualifikation bestellt werden. Die Leiterin oder der Leiter des Instituts für Österreichische Geschichtsforschung trägt die Funktionsbezeichnung „Direktorin" oder „Direktor".

(4) Das Institut für Österreichische Geschichtsforschung ist in der Leistungsvereinbarung und im Rechnungsabschluss der Universität Wien gesondert auszuweisen."

Da die betreffende Organisationseinheit mit der „Bezeichnung" Institut für Österreichische Geschichtsforschung an der Universität Wien einzurichten war, musste in deren Bereich der 2012 genehmigte „Organisationsplan der Universität Wien"[25] jetzt entsprechend geändert werden:[26]

---

[25] MittBlUW, UG 2002, 14.11.2012, 7. Stück, Nr. 32.
[26] MittBlUW, UG 2002, 22.12.2015, 9. Stück, Nr. 38.

„3. An § 17 wird folgender Absatz angefügt:

(3) Das 1854 gegründete Institut für Österreichische Geschichtsforschung, dessen Aufgaben insbesondere in § 40a Abs. 2 Universitätsgesetz 2002 festgelegt sind, ist eine Organisationseinheit gemäß § 40a Universitätsgesetz 2002 im Rahmen der Historisch-Kulturwissenschaftlichen Fakultät. Die Direktorin oder der Direktor des Instituts für Österreichische Geschichtsforschung wird vom Rektorat nach Anhörung der Dekanin oder des Dekans der Historisch-Kulturwissenschaftlichen Fakultät bestellt (§ 40a Abs. 3 Universitätsgesetz 2002). Zu den Aufgaben der Direktorin oder des Direktors des Instituts für Österreichische Geschichtsforschung zählt insbesondere die Koordination der Herausgabe international sichtbarer Publikationen entsprechend § 40a Abs. 2 UG nach Maßgabe der zur Verfügung stehenden Ressourcen. Im Rahmen der Zielvereinbarung zwischen dem Rektorat und der Dekanin oder dem Dekan der Historisch-Kulturwissenschaftlichen Fakultät wird ein spezielles Kapitel betreffend das Institut für Österreichische Geschichtsforschung vorgesehen. Verhandlung und Unterzeichnung dieses Kapitels erfolgen durch das Rektorat, die Dekanin oder den Dekan der Historisch-Kulturwissenschaftlichen Fakultät und die Direktorin oder den Direktor des Instituts für Österreichische Geschichtsforschung. Änderungen der Personalzuordnung bestehender MitarbeiterInnen innerhalb der Historisch-Kulturwissenschaftlichen Fakultät dürfen, soweit sie auch das Institut für Österreichische Geschichtsforschung berühren, von der Dekanin oder vom Dekan der Historisch-Kulturwissenschaftlichen Fakultät nur mit Zustimmung des Rektorats vorgenommen werden."

Worin genau die im Gesetzestext genannte „besondere Stellung" des Instituts für Österreichische Geschichtsforschung im „Kontext" der „Geschichtswissenschaften" und des Archivwesens auf „nationaler und internationaler Ebene" nun lag, war auch dem neuen Absatz im Organisationsplan der Universität nicht eigentlich zu entnehmen. Zumindest wurde im Rahmen der Zielvereinbarung ein „spezielles Kapitel" vorgesehen.

8.6 Wie ein Studium unter vielen

Durch die Eingliederung des „Instituts für Österreichische Geschichtsforschung" in die Universität Wien und die damit verbundene Abtrennung der unmittelbaren Verbindung mit dem Wissenschaftsministerium gehört ein 162 Jahre lang bestandener Zustand seit Anfang 2016 endgültig der Vergangenheit an. War das 1854 im Neoabsolutismus begründete System 2009 mit der Verordnung des Bundesministers für Wissenschaft und Forschung über die Organisationsstruktur des Instituts für Österreichische Geschichtsforschung in einer gewissen Weise reformiert worden, so wurde es mit der doppelten Gesetzesnovelle von 2015, jedenfalls in seiner herkömmlichen institutionellen Form, mehr oder weniger beseitigt. Wie immer man die Vorgänge der Gesetzesänderung im Einzelnen deuten will, das Wissenschaftsministerium hat sich der Sache jedenfalls entledigt.

Am 10. Juni 2006 (da war das Magisterstudium die aktuelle Form) hatte ich in meinem damals sechsten Schreiben an das Bundesministerium für Bildung, Wissenschaft und Kultur, das insgesamt sechzehn Seiten umfasste, im Rahmen einer vergleichenden Betrachtung der damaligen Studienmöglichkeiten unter anderem Folgendes postuliert:

„Würde man nun aber, als Ausgleich und Lösung dieses spannungsgeladenen Missverhält-
nisses, die für den schöpferisch arbeitenden Historiker wie genauso für den Archivar gleichermaßen relevanten Grundlagenfächer der Historischen Hilfswissenschaften ganz einfach
in der Weise in das reguläre Geschichtestudium integrieren, dass man die vier faktisch über-
flüssigen Semester systematisch damit ausstattet, dann wären beide schon vom Grundstudi-
um her gleichermaßen gut ausgebildet und könnten sich in der Folge jede weitere Form von
Kurs, postgradualem Lehrgang oder Magisterstudium ersparen – und damit das gesamte System des IÖG. Und der frischgebackene Magister phil. wäre auch für ein Doktoratsstudium
und eine zugehörige Dissertation in Form einer Quellenarbeit, egal aus welcher Epoche,
hervorragend präpariert.

Ein ganz interessanter Nebeneffekt läge außerdem noch darin, dass beim Besuch des Historikers im Archiv viele berufsbedingte ,Sprachprobleme' gar nicht erst aufkommen könnten –
der in den Quellen forschende Historiker und der die Quellen verwahrende Archivar würden
sich auf Anhieb verstehen. Gleichzeitig würde aber auch sofort erklärbar werden, warum der
Mittelschullehrer für Geschichte auch weiterhin mit einem ,halben' Studium problemlos aus-
kommt: weil es nämlich seinem klar definierten Berufsbild entspricht, sowohl in der Geschichte als auch in seinem zweiten Fach in erster Linie reproduzierend zu arbeiten.

Würde man also in dieser Weise die Grundlagenfächer der Historischen Hilfswissenschaften
– für jedermann ganz transparent – in das Geschichtestudium integrieren, dann wäre es auch
nicht mehr erforderlich, unter dem Titel eines IÖG, so historisierend-prächtig dessen Web-
seite auch gestaltet sein mag, einen monolithisch-undurchschaubaren Block von ,Geschichts-
forschern, Hilfs- und Archivwissenschaftern', der einen Verwaltungsaufwand und Kosten er-
fordert, ständig bereit zu halten wie eine teilmobilisierte Armee. Für die Angehörigen des
IÖG, soweit es sich nicht um ,wissenschaftliche Beamte' (komisches Wort) handelt, ist als
Universitätslehrer ansonsten ja auch das Institut für Geschichte der Universität Wien zu-
ständig."

Zu einer Integration der Historischen Hilfswissenschaften in das gewöhnliche Studium
der Geschichte ist es faktisch nicht gekommen, wobei dieser Gedanke heute, über zehn
Jahre danach, schon allein deswegen auszuschließen ist, weil das „Geschichtestudium",
wie es noch vor knapp zwei Jahrzehnten der vergleichsweise einschichtige Normalfall
gewesen ist, inzwischen einer Mehrzahl von Fächern und akademischen Abstufungen
gewichen ist. Wenn ich mir rückblickend allerdings durchlese, was ich im Jahr 2006 mit
Bezug auf das Institut für Österreichische Geschichtsforschung über den „monolithisch-undurchschaubaren Block", über „Verwaltungsaufwand und Kosten" sowie über
„wissenschaftliche Beamte" geschrieben habe, so sehe ich mich einmal mehr wenn
nicht bestätigt so zumindest nicht widerlegt.

Was dadurch nun bis auf Weiteres im rein akademischen Bereich übrig geblieben ist,
ist das Masterstudium „Geschichtsforschung, Historische Hilfswissenschaften und Archivwissenschaft". Es ist dabei bisweilen erstaunlich zu sehen, wie sehr manch herge-
brachter Begriff wie etwa das Wort „Kurs" auch noch Jahre nach Einführung eines re-
gelrechten Studiums im allgemeinen Sprachgebrauch verankert zu sein scheint, wenn
etwa im Jahr 2013 für ein offenbar problemlos verständnisfähiges Publikum Folgendes
dargelegt werden konnte: „Die Ausbildung der akademischen Archivare und Archivarinnen in Österreich erfolgt traditionell am Institut für Österreichische Geschichtsforschung (IÖG). Damit ist im Namen die Geschichte als Basis der Ausbildung schon

grundgelegt. […] Beim Thema Ausbildung für Archivare wurde eigentlich immer über den ‚Kurs' diskutiert. […] Nur ein Teil der heutigen Archivare und Archivarinnen sind ‚Institutler' – und es ist unwahrscheinlich, dass sich dieser Prozentsatz in Zukunft erhöhen wird."[27]

Auch „Institutler" sind demzufolge offenbar auch heute noch ein durchaus gängiger Begriff. Bemerkenswert an diesen Ausführungen erscheint daneben aber die Feststellung, es sei „im Namen die Geschichte als Basis der Ausbildung schon grundgelegt". Wollte man diesen Gedanken konsequent zu Ende denken, so müsste man korrekter Weise ergänzend hinzufügen, dass „im Namen" allerdings auch „Österreich(isch)" und „Forschung" (als weitere „Basen" der Ausbildung?) schon „grundgelegt" sind.

Grundsätzlich ist die heutige Situation an der Universität Wien durch ein relativ breites Angebot von geisteswissenschaftlichen Studienrichtungen mit historischen Bezügen gekennzeichnet. Lässt man besonders spezialisierte Fächer wie etwa „Alte Geschichte und Altertumskunde", „Urgeschichte und Historische Archäologie" oder auch „Zeitgeschichte und Medien" außer Betracht, so gibt es derzeit zumindest fünf Studien, die einerseits das Wort „Geschichte" im Titel führen und dabei andererseits im Curriculum in irgendeiner Weise den Begriff „Forschung" für sich reklamieren. Betrachtet man dabei jeweils den einschlägigen § 1 des Curriculums („Studienziele und Qualifikationsprofil"), so ergibt sich nachfolgender Vergleich (im Text befindliche Bezüge zu „Forschung" sind fett hervorgehoben):

Bachelorstudium „Geschichte"[28]

> „(1) Das Bachelorstudium der Geschichte an der Universität Wien ist
> 1. eine geschichtswissenschaftliche Grundausbildung
> 2. eine Vorbereitung weiterführender wissenschaftlicher Studien, insbesondere in den Geistes-, Sozial- oder Kulturwissenschaften
> 3. eine Vorbildung für ein breites Spektrum von Arbeits- und Berufsfeldern, in denen geschichtswissenschaftliche Kenntnisse und die Fähigkeit sie zu vermitteln, Kompetenz im Umgang mit digitalen und anderen Medien, ein internationaler Horizont, geistige Selbständigkeit und Fähigkeit zur Teamarbeit von Nutzen sind, wie
> die **Geschichtsforschung und -vermittlung**, das Archiv- und Dokumentationswesen, das Ausstellungs- und Museumswesen, die Medien- und Kulturarbeit, die fachspezifische Erwachsenen- und Berufsfortbildung, das Verlagswesen, die Arbeit in staatlichen und nichtstaatlichen sowie inter- und supranationalen Organisationen, Tätigkeiten im Bereich der Gleichbehandlung wie Gender Mainstreaming, die historische Verständigungsarbeit, den Tourismus, sowie ähnliche Berufsfelder.
>
> (2) Die Absolventinnen und Absolventen des Bachelorstudiums Geschichte an der Universität Wien verfügen über ein breites Grund- und Orientierungswissen über die Geschichte

---

[27] Martin STÜRZLINGER, Was Archivare wissen wollen. Zur Archivausbildung. Mit Exkurs: Eine neue Archivarausbildung in Slowenien. In: Scrinium. Zeitschrift des Verbandes Österreichischer Archivarinnen und Archivare 67 (2013), 97-109, hier 97.
[28] MittBlUW, UG 2002, 21.06.2012, 34. Stück, Nr. 215.

und die Geschichtswissenschaft, über die Grundfähigkeit, **geschichtswissenschaftlich zu denken und zu forschen** und über die metafachliche Grundfähigkeit, wissenschaftlich zu denken und zu arbeiten. Die genaueren Studienziele finden sich im Anhang des Curriculums und berücksichtigen die Empfehlungen der von *CLIOHnet* betreuten *History Subject Area* des Projektes *Tuning Educational Structures in Europe*.

(3) Zusatzkompetenzen […]"

Masterstudium „Geschichte"[29]

„(1) Das Ziel des Masterstudiums Geschichte an der Universität Wien ist es, eine auf ein Bachelorstudium Geschichte oder auf ein anderes Bachelorstudium aufbauende geschichtswissenschaftliche Ausbildung zu erwerben.

(2) Das Masterstudium Geschichte dient der graduierten Vorbildung für Berufe, in denen es um die Rezeption, Aufbereitung, Vermittlung, Anwendung und **Erforschung von geschichtswissenschaftlichen Fragen** geht.

(3) Die Absolventinnen und Absolventen des Masterstudiums Geschichte an der Universität Wien können **selbständig geschichtswissenschaftlich forschen** und ihre Ergebnisse professionell präsentieren. Dies umfasst die **Erschließung des internationalen Forschungsstands** zu einem Thema, die **Entwicklung von Forschungsfragen**, die Recherche geeigneten empirischen Materials, die **Entwicklung eines Forschungsdesigns** (Entwicklung, Anwendung und Kombination von **geeigneten Forschungsmethoden**), die Rezeption von geschichts-, sozial- und kulturwissenschaftlichen Theorien, die Formulierung, mediale Präsentation und **kritische Diskussion der Forschungsergebnisse**.

(4) Das Masterstudium Geschichte bereitet auf ein geschichtswissenschaftliches oder ein anderes geistes-, sozial- oder kulturwissenschaftliches Doktoratsstudium vor. […]"

Masterstudium „Geschichte, Sozialkunde und Politische Bildung (Unterrichtsfach)"[30]

„(1) Das Ziel des Masterstudiums im Unterrichtsfach Geschichte, Sozialkunde und Politische Bildung (GSP) an der Universität Wien ist die wissenschaftlich fundierte fachliche, fachdidaktische und schulpraktische Ausbildung für den Lehrberuf an mittleren und höheren Schulen (Sekundarstufe I und II) für die Schulfächer „Geschichte und Sozialkunde/Politische Bildung", „Geschichte und Politische Bildung", „Politische Bildung und Geschichte (Wirtschafts- und Sozialgeschichte)", „Politische Bildung und Zeitgeschichte", „Internationale Wirtschafts- und Kulturräume", „Politische Bildung und Recht" sowie inhaltlich ähnlich orientierter Unterrichtsfächer aus dem Bereich der Geschichts-, Sozial-, Politik- und Kulturwissenschaften.

(2) Die Absolventinnen und Absolventen des Masterstudiums Lehramt an der Universität Wien mit dem Unterrichtsfach Geschichte, Sozialkunde und Politische Bildung verfügen aufbauend auf den im Bachelorstudium erworbenen Grundqualifikationen und Kompetenzen über folgende Qualifikationen und Kompetenzen:

---

[29] MittBlUW, UG 2002, 30.06.2014, 40. Stück, Nr. 235.
[30] MittBlUW, UG 2002, 23.06.2015, 25. Stück, Nr. 142.

Fachwissenschaftliche Kompetenzen:

- Sie sind fähig, geschichts-, politik- und sozialwissenschaftliche Theorien, Methoden und Techniken entsprechend dem jeweils **aktuellen Entwicklungsstand der Forschung** anzuwenden und Fragestellungen der Geschichts-, Politik- und Sozialwissenschaften sowie der Politischen Bildung eigenständig zu bearbeiten;

- Sie können in Teilgebieten **selbständig forschen** und ihre Ergebnisse professionell präsentieren. Dies umfasst die **Erschließung des internationalen Forschungsstands** zu einem Thema, die **Entwicklung von Forschungsfragen**, die Recherche geeigneten empirischen Materials, die **Entwicklung eines Forschungsdesigns** (Entwicklung, Anwendung und Kombination von **geeigneten Forschungsmethoden**), die Rezeption von geschichts-, politik-, sozial- und kulturwissenschaftlichen Theorien, die Formulierung, mediale Präsentation und kritische Diskussion der Forschungsergebnisse.

- Sie sind fähig, historische und gegenwärtige Situationen und Entwicklungen aus unterschiedlichen Perspektiven zu betrachten (Multiperspektivität).

Fachdidaktische und unterrichtspraktische Kompetenzen: […]

Professionsethos und Wertebewusstsein: […]"

Masterstudium „Globalgeschichte und Global Studies (Joint curriculum)"[31]

„(1) Das Ziel des Masterstudiums Globalgeschichte und Global Studies an der Universität Wien ist

1. eine fortgeschrittene geschichtswissenschaftliche Ausbildung mit dem Schwerpunkt der Globalgeschichte im Kontext der Global Studies

2. die Vorbereitung eines Doktoratsstudiums zu einschlägigen Fragestellungen im geistes-, sozial- oder kulturwissenschaftlichen Bereich

3. eine graduierte Vorbildung für ein breites Spektrum von Arbeits- und Berufsfeldern, in denen fortgeschrittene geistes-, kultur- und sozialwissenschaftliche Kenntnisse und die Fähigkeit sie zu vermitteln, Kompetenz im Umgang mit digitalen und anderen Medien, ein internationaler Horizont, geistige Selbständigkeit und Fähigkeit zur Teamarbeit von Nutzen sind, wie die Arbeit in staatlichen und nichtstaatlichen sowie inter- und supranationalen Organisationen, in international agierenden Unternehmen, in der Menschenrechts- und in der historischen und internationalen Verständigungsarbeit, in Tätigkeiten im Bereich der Gleichbehandlung, die Geschichtsvermittlung im transnationalen Kontext, das Dokumentationswesen, das Ausstellungs- und Museumswesen, die Medien- und Kulturarbeit, die fachspezifische Erwachsenen- und Berufsfortbildung, das Verlagswesen, den Tourismus, sowie in ähnlichen Berufsfeldern.

---

[31] MittBlUW, UG 2002, 27.06.2008, 38. Stück, Nr. 326. – Schreibfehlerberichtigung, 08.07.2009, 27. Stück, Nr. 230. – 1. (geringfügige) Änderung, 25.06.2012, 36. Stück, Nr. 263. – Schreibfehlerberichtigung, 29.06.2012, 9. Stück, Nr. 41. – 2. (geringfügige) Änderung, 29.06.2016, 43. Stück, Nr. 275.

(2) Die Absolventinnen und Absolventen des Masterstudiums Globalgeschichte und Global Studies an der Universität Wien erhalten über ein geistes-, kultur-, sozial- und rechtswissenschaftliches Bachelorstudium hinaus:

Vertiefte und spezielle Kenntnisse in einem breiten Teilgebiet der Global Studies:

- Kenntnis der wichtigsten Fragestellungen, Quellen, Theorien, Methoden und **Forschungsdebatten** in einem breiten Teilgebiet der Global Studies, insbesondere der Globalgeschichte, und der Globalisierungstendenzen der Gegenwart [...]
- Spezialkenntnisse zu mehreren, insbesondere globalhistorischen **Forschungsfragen** [...]

Fähigkeit, selbständig geschichtswissenschaftlich zu denken: [...]

- Fähigkeit, sich mit Fragestellungen, Theorien, Narrativen und **Forschungskontroversen** globaler Interaktionen der Vergangenheit und Gegenwart kritisch auseinanderzusetzen und einschlägige Probleme selbständig zu analysieren
- Fähigkeit, **Forschungsfragen** der Global Studies, insbesondere der Globalgeschichte, selbständig zu entwickeln
- Fähigkeit, aus der **eigenen Forschung** eigenständige Schlussfolgerungen zu ziehen

Fähigkeit, in einem breiten Teilgebiet der Geschichte **selbständig zu forschen**:

- Fähigkeit, den internationalen **Forschungsstand** und die internationale **Forschungsdiskussion** zu einem Thema der Global Studies und der Globalgeschichte in verschiedenen Originalsprachen selbständig zu erfassen, zu analysieren und zu bewerten [...]
- Fähigkeit, eine **Forschungsarbeit** größeren Umfangs zu einem Thema der Global Studies zu verfassen und die Ergebnisse professionell zu präsentieren und gegen wissenschaftliche Kritik zu verteidigen
- Fähigkeit, sich an der Entwicklung und Durchführung eines wissenschaftlichen **Forschungsprojektes** zu beteiligen
- Grundfähigkeit, an der internationalen **Forschungsdiskussion** teilzunehmen

Fähigkeit, selbständig wissenschaftlich zu denken und zu arbeiten: [...]"

Masterstudium „Geschichtsforschung, Historische Hilfswissenschaften und Archivwissenschaft"[32]

„(1) Das Ziel des Masterstudiums Geschichtsforschung, Historische Hilfswissenschaften und Archivwissenschaft an der Universität Wien ist über die wissenschaftliche Berufsvorbildung hinaus die Entfaltung der Fähigkeit, durch **selbständige Forschung** zur Entwicklung der Geschichtswissenschaft beizutragen, und die vertiefte geschichts- und archivwissenschaftliche Ausbildung und Berufsvorbildung des wissenschaftlichen Nachwuchses.

(2) Die Absolventinnen und Absolventen des Masterstudiums Geschichtsforschung, Historische Hilfswissenschaften und Archivwissenschaft an der Universität Wien sind über ein Bachelorstudium hinaus befähigt zur Anwendung der **wesentlichen Methoden der Geschichtsforschung**, insbesondere jener, die die Geschichte vom Mittelalter bis zur Gegenwart betreffen, mit Schwerpunkt auf dem Umgang mit historischen Quellen, sowohl mit schriftlichen und dinglichen als auch mit historischem Bild-, Film-, Video- und Tonmaterial

---

[32] MittBlUW, UG 2002, 29.06.2016, 43. Stück, Nr. 274.

in analoger und digitaler Form, wobei die Quellen zur österreichischen Geschichte besondere Beachtung als Paradigma einer europäischen Quellenkunde verdienen; der Historischen Hilfswissenschaften; der Methoden der Archivwissenschaft; moderner Methoden der Dokumentation und Informationsverwaltung; der archivarischen Bewertung, Dokumentation und Bearbeitung audiovisueller Quellen, sowohl in analoger wie digitaler Form, und sie verfügen über Grundkenntnisse des Museumswesens. Sie sind qualifiziert für Berufsfelder, die der wissenschaftlichen Erschließung, der Betreuung und Vermittlung von schriftlichen und nicht-schriftlichen Denkmalen der Geschichte im öffentlichen und privaten Bereich dienen, insbesondere in Archiven, Medienarchiven und Museen; darüber hinaus für alle Berufe, die der Pflege der Kultur und des kulturellen Erbes dienen.

(3) Das Masterstudium Geschichtsforschung, Historische Hilfswissenschaften und Archivwissenschaft bereitet auf ein geschichtswissenschaftliches oder ein anderes geistes-, sozial- oder kulturwissenschaftliches Doktoratsstudium vor.

(4) Für die Lehrveranstaltungen im Masterstudium Geschichtsforschung, Historische Hilfswissenschaften und Archivwissenschaft werden aktive Kenntnisse der englischen Sprache (Niveau B2) sowie passive Kenntnisse mindestens einer weiteren lebenden Fremdsprache und des Lateinischen benötigt."

Wie diese Inhalte zustande gekommen sind, vermerkt die Präambel des Curriculums:

„Der Senat hat in seiner Sitzung am 23.06.2016 das von der gemäß § 25 Abs 8 Z 3 und Abs 10 des Universitätsgesetzes 2002 eingerichteten entscheidungsbefugten Curricularkommission am 13.06.2016 beschlossene Curriculum für das Masterstudium Geschichtsforschung, Historische Hilfswissenschaften und Archivwissenschaft in der nachfolgenden Fassung genehmigt."

Grundsätzlich stehen an der Universität Wien also nominell mindestens fünf Möglichkeiten zur Verfügung sich auf unterschiedlichen Ebenen und Zugängen mit Geschichte zu befassen – wo genau muss man also eigentlich hingehen, wenn man das beste „Forschen" lernen will?

Es ist natürlich evident, dass auch die anderen vier „Geschichte-" und „Forschungs"-Studien sich im jeweiligen Curriculum nicht nur handfeste Inhalte sondern auch gewisse Idealvorstellungen auf Ihre Fahnen schreiben. Wenn etwa bereits das Bachelorstudium Geschichte für sich den Anspruch reklamiert, seine Absolventinnen und Absolventen verfügten über „die Grundfähigkeit, geschichtswissenschaftlich zu denken und zu forschen" und außerdem noch über „die metafachliche(!) Grundfähigkeit, wissenschaftlich zu denken und zu arbeiten", so mag das zwar recht gut klingen, sagt aber einerseits inhaltlich eher wenig aus und geht andererseits an der Realität unterschiedlich gearteter menschlicher Intellektualität vielleicht irgendwie vorbei.

Versucht man nun, bei allen daher gebotenen Vorbehalten, sich den ‚offiziellen' Inhalten des Masterstudiums „Geschichtsforschung, Historische Hilfswissenschaften und Archivwissenschaft" in diesem Sinne anzunähern, so könnte man vielleicht folgende Fragen stellen:

- Wie wird die „Entfaltung" der „Fähigkeit", durch „selbständige" „Forschung" zur „Entwicklung" der „Geschichtswissenschaft" beizutragen, bewerkstelligt?
    - Zusatzfrage: In welcher Institutshausarbeit der letzten Jahrzehnte ist diese Fähigkeit idealtypisch ausgedrückt?
- Wie genau erfolgt die „vertiefte" „geschichts-" und „archivwissenschaftliche" „*Aus*bildung" „und" „*Berufsvor*bildung" des „wissenschaftlichen" „Nachwuchses"?
    - Zusatzfrage: Was ist hier konkret unter einem „wissenschaftlichen Nachwuchs" zu verstehen, und geht ein solcher aus einem anderen einschlägigen Studium nicht hervor?
- Wie erfolgt im Einzelnen die „Anwendung" der „wesentlichen" „Methoden der Geschichtsforschung, insbesondere jener, die die Geschichte vom Mittelalter bis zur Gegenwart betreffen"?
    - Zusatzfrage: Wo sind die „wesentlichen Methoden der Geschichtsforschung" zum Nachlesen taxativ aufgezählt?
- Was ist unter dem „Paradigma einer europäischen Quellenkunde" zu verstehen?
    - Keine Zusatzfrage.
- Wie lauten die „Methoden der Archivwissenschaft"?
    - Zusatzfrage: Was sind die Kriterien der „archivarischen Bewertung"?
- Was hat eine „Pflege" der „Kultur" und des „kulturellen Erbes" mit „Geschichtsforschung", „Historischen Hilfswissenschaften" und „Archivwissenschaft" zu tun?
    - Zusatzfrage: Wofür steht die Chiffre „Kultur"?

Wie auch immer die Antworten im Einzelnen ausfallen mögen – zumindest das begriffliche und visuelle System ist wieder einmal um ein paar Facetten reicher geworden.

8.7 Ein endloses Thema

Soweit es das seit kurzem ebenfalls zur Universität Wien gehörende Institut für Österreichische Geschichtsforschung betrifft, so war die eher nebulose Vorstellung einer „Geschichtsforschung" viele Jahrzehnte lang vor allem eine Sache des Institutsnamens gewesen. In den von Albert Jäger in den frühen Anfangsjahren des Instituts schrittweise entwickelten Provisorischen Statuten hatte sich 1857 der eher unscharfe Begriff einer „eigentlichen Quellen- oder Geschichtsforschung" herausgebildet, während die im letzten Viertel des 20. Jahrhunderts auf der Grundlage des FOG erlassenen Lehrgangsverordnungen den Ausdruck „Geschichtsforschung" überhaupt nicht gekannt hatten.

In einem in jüngerer Zeit erschienenen Aufsatz zum Berufsbild des Archivars konnte man Folgendes lesen: „Die Einstellung zum Beruf war über Generationsgrenzen hinweg durch die Ausbildung am Institut für österreichische Geschichtsforschung bestimmt. Diese hatte ihren Schwerpunkt unbestritten in der Forschung, und Heinrich

Fichtenau begrüßte seine angehenden Institutsmitglieder auch als junge Forscher.“[33] Wie ich bereits an anderer Stelle festgestellt habe, betrachte Heinrich Fichtenau seine Institutsmitglieder daneben offenbar auch als „Genies“, deren „Erziehung“ am besten in einer diesem Zweck entsprechenden „Kaserne“ zu „vollbringen“ war.

Dennoch, erst Jahrzehnte später, mit dem Lehrgang universitären Charakters von 1998-2001 (Direktion Wolfram) und der entsprechenden Verordnung von 1999 geriet speziell das Wort „Geschichtsforschung“ in der Version *Master of Advanced Studies (Geschichtsforschung und Archivwissenschaft)*“ erstmals in einen akademischen Abschlussgrad hinein.[34] Im Hinblick auf die Lehrinhalte galt zu dieser Zeit nach wie vor die Lehrgangsverordnung von 1993, die zwar zahlreiche Historische Hilfswissenschaften aufzählte, in der selbst jedoch von „Geschichtsforschung“ keine Rede war.[35]

Auch der Studienplan des danach kurzzeitig geführten nur zweijährigen Lehrganges besagte über diesen bloß wörtlich: „Er dient der wissenschaftlichen und beruflichen Aus- und Weiterbildung von Absolventen und Absolventinnen eines ordentlichen Studiums, und zwar besonders in hilfswissenschaftlicher und quellenkundlicher Hinsicht für jene Bereiche, wie Archive und Museen, die eine vertiefte Kenntnis der Quellen, insbesondere der österreichischen Geschichte, und der für ihre Erschließung wesentlichen Methoden erfordern. Dadurch vermittelt der Lehrgang auch die fachlichen Fähigkeiten, schriftliche und nichtschriftliche Denkmale der Geschichte nach wissenschaftlichen Grundsätzen zu bearbeiten, zu erhalten und der Öffentlichkeit zugänglich zu machen.“[36] Das Wort „Geschichtsforschung“ war auch hier nicht vorhanden.

Erst im Jahr 2005 (Direktion Brunner), als aus der hergebrachten, in sich geschlossenen Lehrgangsform endgültig ein Universitätsstudium wurde, fand sich im Curriculum des damals neu eingeführten Magisterstudiums „Geschichtsforschung, Historische Hilfswissenschaften und Archivwissenschaft“ plötzlich die bis dahin völlig unbekannt gewesene und auch nicht weiter erläuterte Formulierung „*Beherrschung der wesentlichen Methoden der Geschichtsforschung*“.[37]

In einem 2012 rückblickend erschienenen Erlebnisbericht über das Magisterstudium wurden die „wesentlichen Methoden der Geschichtsforschung“ zwar ebenfalls nicht erklärt, jedoch konnte man dort über das Studium unter anderem Folgendes erfahren:

„Ungefähr 45 Studierende, darunter auch die beiden AutorInnen dieses Artikels, haben im Wintersemester [2005] das Magisterstudium begonnen. Nach dem ersten Semester reduzierte sich die Anzahl auf unter zwanzig Studierende. Bis zum Abschluss der Pflichtlehrveranstaltungen verringerte sich diese Zahl nochmals.“[38]

---

[33] Peter CSENDES, Und ewig lockt die Berufsbilddiskussion. In: Scrinium. Zeitschrift des Verbandes Österreichischer Archivarinnen und Archivare 67 (2013), 64-72, hier 66.

[34] BGBl. II, Nr. 232/1999 .

[35] BGBl. 1993, 205. Stück, Nr. 559.

[36] MittBlUW, UOG 93, 01.03.2001, XV. Stück, Nr. 154.

[37] MittBlUW, UG 2002, 22.06.2005, 32. Stück, Nr. 179.

[38] Karin WINTER – Jakob WÜHRER, Der Kurs ist tot! Es lebe das Masterstudium! Ein Erfahrungsbericht zur archivwissenschaftlichen Ausbildung an der Universität Wien und dem Institut

„Seit der Gründung des IÖG im Jahr 1854 gab es immer wieder Veränderungen, Reformen der Ausbildung, doch noch nie änderten sich die Rahmenbedingungen so umfassend wie im Jahr 2005. Ein Umbau, der nicht ohne Konsequenzen blieb. Gleichzeitig – und das steht mit den strukturellen Umgestaltungen nicht in ursächlichem Zusammenhang – fand in den letzten Jahren ein natürlicher Wechsel des Lehrpersonals statt. Viele, die Generationen von ‚Kurslern‘ im Positiven wie im Negativen prägten, lehren nicht mehr.“[39]

„Als der ‚Kurs‘ im Jahr 2005 vom Magisterstudium abgelöst wurde, wurde in den ersten Jahren allen Interessierten bewusst, welche grundlegende Veränderung dies mit sich brachte. Es gibt beispielsweise keine Aufnahmsprüfung mehr, durch welche die Kursgruppe geformt werden könnte. Heute steht es allen frei, wenn sie die im Studienplan festgeschriebenen Voraussetzungen mitbringen, dieses Studium zu inskribieren. Und es kann in jedem Semester begonnen werden, wodurch sicher der durch die hohe Arbeitsbelastung erzeugte Druck, innerhalb einer vorgegebenen Dauer fertig werden zu müssen, der ‚Korpsgeist‘ unter den Studierenden und ihre vielfach erreichte ‚Ergebenheit‘ gegenüber der Institution IÖG abnehmen. Die Verbindung zwischen Studierenden und IÖG ist nicht mehr so stark, der früher manchmal vorhandene und positive Zusammenhalt der Studierenden wohl auch nicht. Das Studium ist eine Ausbildung der Universität Wien, die Koordination findet aber offiziell am IÖG statt.“[40]

Der letzte Satz ist seit 1. Jänner 2016 natürlich nicht mehr eigentlich richtig, die Darstellung klingt in mehreren Details aber nicht ganz unauthentisch. So habe sich die Anzahl der Studierenden (offenbar besonders markant) „reduziert“. „Generationen von ‚Kurslern‘“ seien einst „im Positiven wie im Negativen“ geprägt worden. Es gebe keine „Aufnahmsprüfung“ mehr, durch welche die Kursgruppe „geformt“ werden könnte. Eine „vielfach erreichte Ergebenheit“ gegenüber der „Institution IÖG“ habe abgenommen. Der Aufsatz enthält dann noch einen längeren Anhang mit den 2012 aktuellen Bestimmungen, der inhaltliche Teil des Berichts endet mit folgendem Absatz:

„Aktuell bekennt sich die Universität Wien eindeutig zum Masterstudium ‚Geschichtsforschung, Historische Hilfswissenschaften und Archivwissenschaft‘. Im Entwicklungsplan der Universität Wien ‚Universität Wien 2015‘ ist vorgesehen, dass einige Geschichte-Masterstudien aufgelassen werden. Bestehen bleibt neben drei anderen Masterstudien in diesem Bereich auch unsere Ausbildung. Wir sind der Meinung, dass die österreichische Archivlandschaft froh darüber sein sollte, und sind stolz darauf, gut und fundiert ausgebildet worden zu sein.“[41]

Hält man sich dabei an die Buchstaben des Curriculums, so müssen also die AutorInnen zwangsläufig auch in den „wesentlichen Methoden der Geschichtsforschung“ ebenso „gut und fundiert“ ausgebildet worden sein wie in allen übrigen Fächern.

---

für Österreichische Geschichtsforschung. In: Scrinium. Zeitschrift des Verbandes Österreichischer Archivarinnen und Archivare 66 (2012), 65-107, hier 66.
[39] Ebd., 67.
[40] Ebd., 75.
[41] Ebd., 76.

Als dann im Jahr 2008 das gleichnamige Masterstudium „Geschichtsforschung, Historische Hilfswissenschaften und Archivwissenschaft" entstand, gab es zwar einige formale Veränderungen, das Wort von der „*Beherrschung der wesentlichen Methoden der Geschichtsforschung*" wurde aber eins zu eins übernommen.[42] Änderungen am Curriculum des Masterstudiums selbst gab es in den Jahren 2009 (Schreibfehlerberichtigung),[43] 2010,[44] 2011 (geringfügig)[45] und schließlich mit Ausgabe vom 29. Juni 2016.[46]

Diese letzte Änderung stellte auch insofern eine gewisse Neuerung dar, als sie anscheinend im Zusammenhang mit der gerade erst erfolgten Eingliederung des Instituts in die Universität Wien stand. Erneut wurden dabei einige Formulierungen mehr oder weniger variiert, wobei aus der nun schon länger bekannten „*Beherrschung der wesentlichen Methoden der Geschichtsforschung*" jetzt die Befähigung zur „*Anwendung der wesentlichen Methoden der Geschichtsforschung*" wurde.

Macht man sich in der Literatur auf die Suche nach der Bedeutung archivalischer Quellen für Historiker, so stößt man (vor allem von Seiten des Instituts für Österreichische Geschichtsforschung) immer wieder auf Sätze wie etwa diesen: „Methodisch und quellenkundlich reflektierte Editionen sind […] eine essentielle und nahezu zeitlose Grundlage der Geschichte, welche eine Überprüfbarkeit von historischen Urteilen erlauben bzw. diese auch revidieren können. Editionen erlauben dabei verschiedenste Zugriffe seitens unterschiedlicher Wissenschaftsdisziplinen."[47] Würde man hier die Vorstellung von der „nahezu zeitlosen Grundlage der Geschichte" durch den Ausdruck „nahezu kindlicher Glaube an die Ewigkeit" ersetzen, so würde der Satz jedenfalls grammatikalisch lesbar bleiben und inhaltlich nicht eigentlich falscher sein. Die „wesentlichen Methoden der Geschichtsforschung" bleiben in beiden Versionen unsichtbar.

Im Jahr 2005, als aus dem alten „Kurs" endgültig ein Universitätsstudium wurde, hat der damalige Institutsdirektor Karl Brunner in einem Aufsatz im Rahmen einer Veröffentlichung der Archivschule Marburg folgenden Satz geprägt: „Institutionell nimmt das Institut eine fruchtbare, aber auch manchmal prekäre Zwischenstellung ein. Es ist einerseits ein direkt dem Bildungsministerium unterstelltes Forschungsinstitut nach eigenem Recht, andererseits an der Universität Wien situiert."[48]

---

[42] MittBlUW, UG 2002, 26.06.2008, 37. Stück, Nr. 325

[43] MittBlUW, UG 2002, 08.07.2009, 27. Stück, Nr. 230.

[44] MittBlUW, UG 2002, 17.06.2011, 23. Stück, Nr. 136.

[45] MittBlUW, UG 2002, 26.01.2012, 13. Stück, Nr. 80.

[46] MittBlUW, UG 2002, 29.06.2016, 43. Stück, Nr. 274.

[47] Martin SCHEUTZ, Der Wert archivalischer Geschichtsquellen in der Arbeit von Historikern und Archivaren. In: Scrinium. Zeitschrift des Verbandes Österreichischer Archivarinnen und Archivare 67 (2013), 7- 21, hier 20.

[48] Karl BRUNNER, Moderne Herausforderung und Bewahrung der Tradition. Die Ausbildung am Institut für Österreichische Geschichtsforschung. In: Berufsbild im Wandel – Aktuelle Herausforderungen für die archivarische Ausbildung und Fortbildung. Beiträge zum 9. Archivwissen-

Die österreichische Wissenschaftslandschaft, führte Brunner dann weiter aus, befinde sich derzeit wieder einmal in einer Phase der Umstellung: „Das Institut befindet sich an sich in einer Szene, die von Grundlagenforschung, Interdisziplinarität, Internationalität und Excellence spricht. Dennoch kann man sich des Eindrucks nicht erwehren, dass infolge der Modekrankheit ‚Reformitis' substantielle Reformen eher erschwert werden. So stehen wir vor einer doppelten Herausforderung: Innerhalb der ständig sich wandelnden universitären Strukturen einfach einmal den Platz zu behaupten und die traditionellen Werte zu sichern, was sehr viel Zeit und Energie beansprucht, und – was selbstverständlich viel wichtiger wäre – den Absolventinnen und Absolventen jenes Know How mitzugeben, das sie für eine Vielfalt von Berufsfeldern fit macht."[49]

Die „traditionellen Werte" waren inhaltlich nicht näher ausgeführt, aber Brunner sah darin offenbar durchaus zukunftsweisende Aspekte: „Trotz des Modernisierungsdrucks darf die klassische Methodik nicht zu kurz kommen, im Gegenteil. Besonders Neuzeit und Zeitgeschichte, aber auch neue zeitübergreifende Aspekte wie z.B. Gender- und Umweltgeschichte verlangen vermehrte Anstrengungen in methodischer Grundlagenforschung und der Erstellung der entsprechenden Handbücher, inkludierend die Ausschöpfung moderner Möglichkeiten in der Quellenaufbereitung und Editionstechnik."[50] Viele Jahrzehnte lang, so Brunner weiter, habe der „Kurs" drei Jahre gedauert, zusammengesetzt aus einem Vorbereitungsjahr und – nach einer Aufnahmsprüfung – zwei Jahre Hauptkurs: „Er schloss mit einer Staatsprüfung ab, die völlig unabhängig von allen akademischen Prüfungen war und eine zusätzliche, meist hilfswissenschaftlich orientierte Prüfungsarbeit mit dem Qualitätsanspruch einer Dissertation voraussetzte."[51]

Welcher Teil der oben genannten „Zwischenstellung" damals nun genau der „fruchtbare" und welcher der „prekäre" (bisweilen stellt sich die Bedeutung manches Wortes erst später heraus) gewesen ist, geht aus dem Gesagten zwar insgesamt nicht hervor, die Frage besitzt heute in dieser Form aber auch nur noch eher akademischen Charakter. Mit dem Tun und Lassen „nach eigenem Recht" (wie quasi manch andere große und alte Organisation) ist es jedenfalls endgültig vorbei. Da aus der Zwischenstellung zwischen „Bildungsministerium" und Universität Wien nun allerdings seit Anfang 2016 eine ganz alleinige Stellung an der Universität geworden ist, so könnte es ja sein, dass diese nun künftig auch eine allein fruchtbare sein wird, welche den Absolventen jenes Know How mitgibt, das sie für eine Vielfalt von Berufsfeldern fit macht. Warum also nicht auch für den Feminismus und die Grün-Bewegung durch die Erstellung der entsprechenden Handbücher (natürlich mit Internationalität und Excellence sowie dem Qualitätsanspruch einer Dissertation) für die Gender- und Umweltgeschichte?

---

schaftlichen Kolloquium der Archivschule Marburg (= Veröffentlichungen der Archivschule Marburg – Institut für Archivwissenschaft 43, Marburg 2005), 153-161, hier 154.
[49] Ebd., 155.
[50] Ebd., 155 f.
[51] Ebd., 156.

Nachwort

Erstmals im Jahr 2012 und dann wieder im Jahr 2016 hat die Leiterin der Archivschule Marburg, Irmgard Christa Becker, einen Vergleich zwischen dem Marburger Modell des Archivreferendariats und dem seit 2008 bestehenden Wiener Masterstudiengang vorgenommen. Da Frau Becker ebenfalls den Wiener Institutskurs absolviert hat[52] (vermutlich den 58. Kurs 1986-1989, Direktion Wolfram), ist wohl anzunehmen, dass sie weiß, wovon sie spricht.

Im Jahr 2012 hieß es am Ende der Ausführungen: „Geringe Studierendenzahlen in Wien und in Frage gestellte Strukturen in Marburg sind Risikofaktoren für beide Ausbildungen. Es bleibt abzuwarten, wie in beiden Ländern mit diesen Fragen umgegangen wird. Die Diskussion wird also weitergehen."[53] Die eigentliche Essenz des Ganzen scheint dann aber im Befund von 2016 zu liegen, wo sich etwa in der Mitte die Bemerkung findet: „In Marburg werden Spezialisten für das Archiv ausgebildet. Die Wiener Ausbildung dient der Vorbildung für das Archivwesen, aber auch für andere Bereiche. Sie folgt den seit Langem am Institut für Österreichische Geschichtsforschung gepflegten Traditionen."[54]

Ob mit den „anderen Bereichen" vielleicht am Ende gar die „wesentlichen Methoden der Geschichtsforschung" gemeint sein könnten, geht auch aus diesen Ausführungen nicht hervor. Soweit es die „seit Langem am Institut für Österreichische Geschichtsforschung gepflegten Traditionen" betrifft, so weiß man zumindest über diese inzwischen etwas genauer Bescheid. Wie es mit diesen Traditionen in der Zukunft tatsächlich weitergehen wird, kann letztlich nur die Zeit erweisen.

Die politisch-rechtliche Gesamtsituation hat sich jedenfalls verändert, die 1854 begründete Institutsverfassung gibt es in der herkömmlichen Form somit gar nicht mehr. Da es aber auch schon lange keinen Jäger und keinen Sickel mehr gibt, mag dies bedeutungslos sein, auch wenn die zuletzt formal abgewickelten Umstände wie eine Safari im Paragraphendschungel erscheinen mögen. Sollte ich selbst jemandem von den Damen und Herren in der zuständigen Abteilung des Bundesministeriums für Wissenschaft und Forschung schon wieder außertourliche Arbeit (ich hoffe kein Kopfzerbrechen) bereitet haben, so tut mir das leid, aber Juristen machen das ja ohnehin recht gerne. ;-)

---

[52] Thomas WINKELBAUER, Vom „Institutskurs" zum Masterstudium „Geschichtsforschung, Historische Hilfswissenschaften und Archivwissenschaft" an der Universität Wien: eine Grenzüberschreitung? In: Scrinium. Zeitschrift des Verbandes Österreichischer Archivarinnen und Archivare 66 (2012), 7-13, hier 12.

[53] Irmgard Christa BECKER, Postgraduales Referendariat versus Graduales Masterprogramm. Die Ausbildung Wissenschaftlicher Archivare in Deutschland und Österreich. In: Mitteilungen des Instituts für Österreichische Geschichtsforschung 120 (2012), 154-162, hier 162.

[54] Irmgard Christa BECKER, Nach der Reform: Das Archivreferendariat und der Wiener Masterstudiengang am Beginn des Jahres 2016. In: Mitteilungen des Instituts für Österreichische Geschichtsforschung 124 (2016), 436-441, hier 439.

Literaturverzeichnis

Irmgard Christa BECKER, Nach der Reform: Das Archivreferendariat und der Wiener Masterstudiengang am Beginn des Jahres 2016. In: Mitteilungen des Instituts für Österreichische Geschichtsforschung 124 (2016), 436-441.

Irmgard Christa BECKER, Postgraduales Referendariat versus Graduales Masterprogramm. Die Ausbildung Wissenschaftlicher Archivare in Deutschland und Österreich. In: Mitteilungen des Instituts für Österreichische Geschichtsforschung 120 (2012), 154-162.

Karl BRUNNER, Moderne Herausforderung und Bewahrung der Tradition. Die Ausbildung am Institut für Österreichische Geschichtsforschung. In: Berufsbild im Wandel – Aktuelle Herausforderungen für die archivarische Ausbildung und Fortbildung. Beiträge zum 9. Archivwissenschaftlichen Kolloquium der Archivschule Marburg (= Veröffentlichungen der Archivschule Marburg – Institut für Archivwissenschaft 43, Marburg 2005), 153-161.

Bundesgesetzblatt für die Republik Österreich. [abgekürzt: BGBl.]

Chronik des Instituts. In: Mitteilungen des Instituts für Österreichische Geschichtsforschung 116 (2008), 434-470; 119 (2011), 534-581; 123 (2015), 583-598.

Peter CSENDES, Und ewig lockt die Berufsbilddiskussion. In: Scrinium. Zeitschrift des Verbandes Österreichischer Archivarinnen und Archivare 67 (2013), 64-72.

Karel HRUZA, Heinz Zatschek (1901-1965). „Radikales Ordnungsdenken" und „gründliche, zielgesteuerte Forschungsarbeit". In: Österreichische Historiker 1900-1945. Lebensläufe und Karrieren in Österreich, Deutschland und der Tschechoslowakei in wissenschaftsgeschichtlichen Porträts, hg. Karel HRUZA (Wien/Köln/Weimar 2008), 677-792.

Karel HRUZA: Rezension zu: Zehetbauer, Ernst: Geschichtsforschung und Archivwissenschaft. Das Institut für Österreichische Geschichtsforschung und die wissenschaftliche Ausbildung der Archivare in Österreich. Hamburg 2014, in: H-Soz-Kult, 26.11.2015, <www.hsozkult.de/publicationreview/id/rezbuecher-22968>.

Lorenz MIKOLETZKY, „Kärntner" im Institut für Österreichische Geschichtsforschung (1855-1900). In: Archivwissen schafft Geschichte. Festschrift für Wilhelm Wadl zum 60. Geburtstag, hg. Barbara FELSNER u.a. (= Archiv für vaterländische Geschichte und Topographie 106, Klagenfurt 2014), 587-592.

Mitteilungsblatt der Universität Wien. [abgekürzt: MittBlUW]

Päpste, Privilegien, Provinzen. Beiträge zur Kirchen-, Rechts- und Landesgeschichte. Festschrift für Werner Maleczek zum 65. Geburtstag (= Mitteilungen des Instituts für Österreichische Geschichtsforschung. Ergänzungsband 55, Wien/Köln/Graz 2010), Einleitung.

Martin SCHEUTZ, Der Wert archivalischer Geschichtsquellen in der Arbeit von Historikern und Archivaren. In: Scrinium. Zeitschrift des Verbandes Österreichischer Archivarinnen und Archivare 67 (2013), 7- 21.

Manfred STOY, Das Österreichische Institut für Geschichtsforschung 1929-1945 (= Mitteilungen des Instituts für Österreichische Geschichtsforschung. Ergänzungsband 50, Wien/München 2007).

Martin STÜRZLINGER, Was Archivare wissen wollen. Zur Archivausbildung. Mit Exkurs: Eine neue Archivarausbildung in Slowenien. In: Scrinium. Zeitschrift des Verbandes Österreichischer Archivarinnen und Archivare 67 (2013), 97-109.

Thomas WINKELBAUER, Vom „Institutskurs" zum Masterstudium „Geschichtsforschung, Historische Hilfswissenschaften und Archivwissenschaft" an der Universität Wien: eine Grenzüberschreitung? In: Scrinium. Zeitschrift des Verbandes Österreichischer Archivarinnen und Archivare 66 (2012), 7-13.

Thomas WINKELBAUER, Rezension zu: Ernst Zehetbauer, Geschichtsforschung und Archivwissenschaft. Das Institut für Österreichische Geschichtsforschung und die wissenschaftliche Ausbildung der Archivare in Österreich. Hamburg 2014. In: Mitteilungen des Instituts für Österreichische Geschichtsforschung 123 (2015), 255-257.

Karin WINTER – Jakob WÜHRER, Der Kurs ist tot! Es lebe das Masterstudium! Ein Erfahrungsbericht zur archivwissenschaftlichen Ausbildung an der Universität Wien und dem Institut für Österreichische Geschichtsforschung. In: Scrinium. Zeitschrift des Verbandes Österreichischer Archivarinnen und Archivare 66 (2012), 65-107.

Ernst ZEHETBAUER, Geschichtsforschung und Archivwissenschaft. Das Institut für Österreichische Geschichtsforschung und die wissenschaftliche Ausbildung der Archivare in Österreich (Hamburg 2014).

www.tredition.de

Über tredition

Der tredition Verlag wurde 2006 in Hamburg gegründet. Seitdem hat tredition Hunderte von Büchern veröffentlicht. Autoren können in wenigen leichten Schritten print-Books, e-Books und audio-Books publizieren. Der Verlag hat das Ziel, die beste und fairste Veröffentlichungsmöglichkeit für Autoren zu bieten.

tredition wurde mit der Erkenntnis gegründet, dass nur etwa jedes 200. bei Verlagen eingereichte Manuskript veröffentlicht wird. Dabei hat jedes Buch seinen Markt, also seine Leser. tredition sorgt dafür, dass für jedes Buch die Leserschaft auch erreicht wird

Autoren können das einzigartige Literatur-Netzwerk von tredition nutzen. Hier bieten zahlreiche Literatur-Partner (das sind Lektoren, Übersetzer, Hörbuchsprecher und Illustratoren) ihre Dienstleistung an, um Manuskripte zu verbessern oder die Vielfalt zu erhöhen. Autoren vereinbaren unabhängig von tredition mit Literatur-Partnern die Konditionen ihrer Zusammenarbeit und können gemeinsam am Erfolg des Buches partizipieren.

Das gesamte Verlagsprogramm von tredition ist bei allen stationären Buchhandlungen und Online-Buchhändlern wie z. B. Amazon erhältlich. e-Books stehen bei den führenden Online-Portalen (z. B. iBook-Store von Apple) zum Verkauf.

Seit 2009 bietet tredition sein Verlagskonzept auch als sogenanntes "White-Label" an. Das bedeutet, dass andere Personen oder Institutionen risikofrei und unkompliziert selbst zum Herausgeber von Büchern und Buchreihen unter eigener Marke werden können.

Mittlerweile zählen zahlreiche renommierte Unternehmen, Zeitschriften-, Zeitungs- und Buchverlage, Universitäten, Forschungseinrichtungen, Unternehmensberatungen zu den Kunden von tredition. Unter www.tredition-corporate.de bietet tredition vielfältige weitere Verlagsleistungen speziell für Geschäftskunden an.

tredition wurde mit mehreren Innovationspreisen ausgezeichnet, u. a. Webfuture Award und Innovationspreis der Buch-Digitale.

tredition ist Mitglied im Börsenverein des Deutschen Buchhandels.